VORWORT

VON LAURA MALINA SEILER

Manchmal sitze ich voller Ehrfurcht und begeistertem Staunen vor den einzigartigen Geschichten, die das Leben schreibt. Geschichten von Menschen, deren Wege gepflastert sind mit Herausforderungen, die wir uns kaum vorstellen können. Wie Perlen auf einer Schnur reihen sich Prüfungen aneinander – von der Dunkelheit des Rassismus bis hin zu den Stürmen toxischer Beziehungen und den Schatten übertragener Schuld und mangelnder Selbstliebe.

Es sind solche Geschichten, die uns zeigen, was alles möglich ist, selbst wenn die Umstände im Außen denkbar ungünstig erscheinen. Wie wir uns trotz oder vielleicht gerade wegen der unzähligen großen und kleinen seelischen Wunden ein Leben aufbauen können, das tief erfüllt ist von Liebe, Wohlstand, und dem tiefen Glauben daran, dass wir viel mehr in der Hand haben, als wir anfangs jemals gedacht hätten.

In diesem Buch geht es um eine solche Geschichte. Die Geschichte einer bemerkenswerten Frau – von Saina Bayatpour. Eine Frau, die, genau wie diese Perlen auf der Schnur, jede ihrer Herausforderungen in einen Schritt hin zu mehr Stärke und Liebe verwandelt hat.

Die Kunst im Leben besteht darin, einmal mehr aufzustehen, als wir stürzen. Dass wir, jedes Mal, wenn wir denken, jetzt ist es vorbei, in uns eine Kraft finden, die uns sagt: „Steh auf!" Saina hat diese Kraft gefunden und stand auf, immer wieder, auf eine Art und Weise, die mich tief bewegt hat. Wie ein Baum, der nach jedem Sturm noch tiefer seine Wurzeln in die Erde treibt und stolz weiterwächst.

Wie Saina das geschafft hat? Wie hat sie die dunklen Wolken hinter sich gelassen und das Licht am Horizont gefunden? Sie hat begonnen, ihre inneren Wunden zu heilen und dabei gelernt, dass das wahre Glück nicht in den Höhen des Erfolgs versteckt liegt, sondern in der tiefen Akzeptanz dessen, wer wir wirklich sind. Sie hat erkannt, dass wir alle viel mehr sind als nur die Geschichten unserer Vergangenheit oder der Schmerz, der uns zugefügt wurde.

Ihre Reise, die im Iran unter dem Schatten des Krieges in einem engen gesellschaftlichen Korsett begann und sie durch die Windungen des Lebens führte, ist ein lebendiges Beispiel dafür, wie wir alle zu Schöpfern unserer eigenen Welt werden können. Es ist eine Reise, die uns lehrt, wie wir aus den Fesseln der Angst ausbrechen und in ein Leben voller Liebe und Erfüllung eintreten können.

Ich fühle mich unendlich dankbar, dass Saina Bayatpour ihre ergreifende und erhebende Lebensgeschichte mit uns im wunderbaren MALIA-Verlag teilt.

Ihre Erzählung ist eine Flamme der Hoffnung für jede Frau, die sich danach sehnt, ihr eigenes Licht zu entfachen und damit auch für andere ein Leuchten zu sein.

Und natürlich danke ich auch dir – dafür, dass du bereit bist, dich von ihrer Geschichte berühren und inspirieren zu lassen. Mögest du erkennen, dass auch in dir ein unermessliches Licht strahlt. Lass uns gemeinsam die Dunkelheit erhellen.

Danke für dein Strahlen,

Deine Laura

VORWORT

VON SAINA BAYATPOUR

Dass du dieses Buch in Händen hältst, ist der Beweis dafür, dass du alles im Leben überwinden und erschaffen kannst. Es zeigt, dass es egal ist, was du durchgemacht und erlebt hast. Dass es egal ist, woher du kommst, weil du in jedem Augenblick deines Lebens entscheiden kannst, wohin du gehen möchtest. Als Kind saß ich stundenlang auf unserem Balkon und starrte in den Sternenhimmel. Schon damals liebte ich Sterne und war ganz in meiner eigenen Welt versunken, in der alles magisch und das Universum ein großer Spielplatz war. Eines Abends aber erfüllte mich eine unfassbare Traurigkeit, weil ich realisiert hatte, dass ich niemals einen Stern werde anfassen können. Und in meiner kindlichen Neugier wollte ich doch so gerne wissen, wie sich so ein leuchtender Stern anfühlte. Meine Mutter fand mich dann weinend vor, nahm mich auf den Arm und fragte nach dem Grund meiner Traurigkeit. Ich erzählte ihr von meiner bitteren Erkenntnis und dem Platzen meines Traumes, einen Stern zu berühren. Ihre Worte vergesse ich nie, denn sie waren ausschlaggebend für meinen weiteren Lebensweg. Mit gerade mal fünf Jahren lernte ich die wichtigste Lektion, die man einem Kind mitgeben kann. Sie sagte: „Wenn es dein größter Traum ist, einen Stern anzufassen, dann wirst du Wege finden, dies auch eines Tages zu tun. Nichts in diesem Leben ist unmöglich und alles, was du dir erträumen kannst, kannst du auch realisieren. Du musst nur wirklich daran glauben und auch alles dafür tun." Obwohl ich noch so klein war, erinnere ich mich gut an unser Gespräch, weil ich förmlich spürte, wie sich etwas in mir grundlegend verändert hat. Plötzlich schien nichts mehr unmöglich oder unerreichbar. Ich hatte das Gefühl, mächtig zu sein und eine Superkraft zu besitzen. Mein Motto, niemals aufzugeben, immer weiterzumachen und an meinen Träumen festzuhalten, war ab diesem Zeitpunkt tief in mir verankert. Alles, was ich heute bin, habe ich der wunderbarsten Mutter zu verdanken, die auch die Rolle meines Vaters übernehmen musste. Ihr widme ich mein Buch, denn ohne sie hätte ich niemals diese Superkraft reaktivieren können, die ich durch viele Schicksalsschläge und den Verlust meiner eigenen Mitte verloren hatte. Ohne ihren Zuspruch, ihre Stärke, ihre Motivation und allem voran ihre Liebe wäre ich an der Härte des Lebens, die genauso wie die Sanftheit dazugehört, vielleicht gescheitert. Sie war mein Anker und meine Flügel. Danke Mama für alles, was du bist. Dank dir habe ich niemals meinen Glauben und meine Hoffnung verloren. Du bist mein Leuchtturm. Durch dich habe ich niemals aufgehört, das Licht zu suchen und mein Licht aufzudrehen. Ich liebe dich unendlich.

Darüber hinaus möchte ich dieses Buch allen Menschen widmen, die ebenfalls wie Leuchttürme der Liebe in unserer Welt agieren und die nie den Glauben an das Gute verlieren. Sie sind die Engel auf unserer Erde. Oft erkennen wir sie nicht gleich als solche, denn sie sind verkleidet als Menschen, aber glaube mir, wir begegnen ihnen täglich.

Ich hoffe sehr, dass auch du in deinem Leben viele dieser Engel wahrnimmst, denn eines ist sicher: Sie sind immer da. Manchmal vergessen wir nur, vor lauter Schmerz richtig hinzusehen.

Mit meinem Buch will ich dich dabei unterstützen, die Magie des Lebens wieder wahrzunehmen. Dein Leuchten zu finden, oder noch mehr aufzudrehen. Ich will dir zeigen, dass alles möglich ist und wir nie aufhören dürfen, an uns und unsere Träume zu glauben. Daher will ich dir nicht nur meine Geschichte erzählen, sondern dir auch zeigen, welche Zusammenhänge zwischen unserer Kindheit und unserem Verhalten als erwachsene Personen bestehen und warum es so wichtig ist, zu verstehen, wo wir herkommen, um ohne Ballast dorthin zu gehen, wo wir hin möchten.

Nach jedem Kapitel meiner ganz persönlichen Geschichte findest du einen psychologischen Part, der Prozesse beleuchtet und Muster aufdeckt. Ich möchte dir zeigen, was mir geholfen hat, alte Glaubenssätze durch neue zu ersetzen und mich vom Mangeldenken zu lösen. Meine Glaubenssätze habe ich mit einem ✳ markiert. Auf den leeren Zeilen, die nach ihnen folgen, kannst du deine eigenen Glaubenssätze und Impulse aufschreiben und sie immer wieder lesen, bis du sie voll und ganz verinnerlicht hast. Damit möchte ich dich einladen, auch dein Leben besser zu reflektieren, um herauszufinden, an welchen Stellschrauben du eventuell noch drehen darfst. Mit meinem Buch möchte ich dich dabei unterstützen, alles zu verändern und zu eliminieren, was dich daran hindert, größer zu leuchten, als du es dir jemals hättest vorstellen können.

Nimm das Buch jederzeit zur Hand, wenn du Antworten suchst oder Inspiration brauchst. Ich wünsche mir von Herzen, dich mit meinem Buch zu animieren, dein Licht in einem Maße aufzudrehen, dass die ganze Welt dein Leuchten sieht. Du bist ein Wunder, erstrahle und leuchte, damit das Glück dich finden kann.

In Liebe

Deine Saina

✳ = Mein Glaubenssatz heute
❤ = Ein herzlicher Hinweis für Dich

KAPITEL 1

HERKUNFT UND PRÄGUNG

ENTWURZELUNG

Einem Baum, den man samt Wurzeln
aus der Erde gerissen und
an einem fremden Ort
wieder eingepflanzt hat,
kann man nicht vorwerfen,
dass er keine Früchte mehr trägt.

Saina B.

ENTWURZELUNG

Ich wurde in einem Wintermonat geboren. Die Jahreszeit, die ich am wenigsten mag. Vielleicht waren die Kälte, das Grau und die Dunkelheit der Vorgeschmack auf all das, was mich im Laufe meines Lebens noch erwarten würde. Ich war ein gesundes und glückliches Kind. Meine Mama nannte mich auf Persisch SunSun, weil ich den Raum wie die Sonne für sie erhellte. Einige Monate nach meiner Geburt begann ein bitterlicher Krieg in meinem Land. Die islamische Republik Iran und der Irak bekämpften sich. Es ging um Territorien, Geld und Macht. Wie immer in Kriegen, bei denen einzig und allein das Volk leidet, Opfer bringt und wehrlos gegen diese Sinnlosigkeit ist.

In den ersten Jahren verstand ich in meinem kindlichen Sein nicht, was Krieg war. Für mich bedeutete es lediglich, einen kleinen gepackten Koffer in der Ecke meines Spielzimmers zu haben. Pass, zwei Bücher, Zahnbürste, zwei Sets Klamotten, Unterwäsche und meine Puppe. Für mehr war kein Platz, denn die Tasche musste klein und leicht sein, wenn wieder der Bombenalarm losging und wir runter in den Keller unseres Hauses rannten. Dicht um eine Säule sitzend begann das Hoffen darauf, dass die Bombe nicht direkt über uns losgelassen würde, und das Warten auf die weiße Sirene, die uns sagte: überlebt, zurück in die Häuser. Rote und weiße Sirenen nannte man sie, den Alarm und die Entwarnung. Rot, wenn Kampfflugzeuge über die Stadt kreisten und Bomben auf Häuser und Straßen abwarfen. Ein Knopfdruck und ganze Leben, Familien und Geschichten wurden ausgelöscht. Einfach so. Weiß, wenn die Flieger wieder weg waren und Entwarnung gegeben wurde.

Für mich war dieser kleine Koffer nicht wie für die anderen die permanente Erinnerung an die schlimme Zeit, in der wir lebten. Für mich war er wie meine kleine Schatztruhe. Denn ich hatte heimlich noch ein paar Glitzerstifte und Aufkleber reingepackt, die mir meine Tante aus Deutschland geschickt hatte. Eine meiner drei Tanten war bereits zu Beginn des Krieges nach Deutschland ausgewandert. Und so schaute ich ab und zu hinein und freute mich jedes Mal beim Anblick meines Koffers über mein kleines Geheimnis und meine Schätze aus dem Ausland. Seltsam, wie der gleiche Gegenstand aus unterschiedlichen Perspektiven so entgegengesetzte Emotionen auslösen kann, oder?

Anfangs stand mein Koffer in einer Ecke meines Zimmers.

Später kam er einige Male zum Einsatz, als dieser schrille rote Alarm sich über die ganze Stadt legte, wir schnell unsere kleinen Koffer oder unsere kleine Tasche an uns rissen und uns an eine Säule in den Keller setzten, die Augen schlossen, uns gegenseitig an unseren Händen festhielten und beteten, dass wir alle lebend wieder aus diesem Keller rauskamen.

Ich erinnere mich daran, dass ich einmal in unserem Korridor spielte, während mein Bruder in der Schule, mein Vater in der Arbeit und meine Mama unter der Dusche war. Ich war etwa 5 Jahre alt. Ich hatte meine gesamten Puppen um mich herum versammelt und schmiss eine rauschende Party. Meine Lieblingspuppe hatte Geburtstag und alle anderen Puppen hatten sich in Schale geworfen und brachten Geschenke wie Steine, Blumen und Stöcke, die ich zuvor in unserem Garten gesammelt hatte. Bei mir wurde jeden Tag Geburtstag gefeiert und oft zwang ich auch meine Familie, an den Festen teilzunehmen. Sie mussten Geschenke für meine Puppe mitbringen und diese auch schön verpacken. Hier gab ich mich natürlich nicht mit Steinen, Stöcken und Blumen zufrieden. Es musste schon etwas Besseres sein, Schokolade zum Beispiel.

Ich war gerade in meine eigene magische Welt eingetaucht, als ich ein lautes Donnern hörte. So laut, dass die Säulen in unserem Korridor zu beben begannen. Ich schaute aus dem Fenster und sah, wie unsere Nachbarn im Hof standen, mir alle panisch winkten und mich zu sich riefen. Ich verstand nicht, was sie wollten. In meiner kindlichen Wahrnehmung hatte es begonnen zu blitzen und zu donnern, also warum riefen sie mich hinaus? Es würde doch sicher gleich zu regnen beginnen! Ich war gerade dabei, mich unbekümmert umzudrehen und wieder zurück zu meinen Puppen und der Party zu gehen, als meine Mutter mich nur mit einem Handtuch bekleidet unter ihren Arm klemmte und panisch die Treppen in den Keller rannte. Ich schrie und wusste nicht, was los war. Kaum unten angekommen, hörten wir weitere laute Donner und Explosionen und das gesamte Haus wackelte. Meine Mutter weinte und schrie ganz laut: „Bitte lass meinen Liebsten nichts geschehen". Sie wiederholte das fast manisch immer und immer wieder und wippte mich dabei, fest in ihre Arme geschlossen, dass ich kaum Luft bekam, hin und her. Ich wehrte mich und weinte. Aus Angst, aus Unverständnis, aber vor allem aus Panik, denn ich verstand nicht, was gerade geschah. Erst jetzt setzte der rote Alarm ein und bohrte sich scharf und schrill wie ein Messer in meine Ohren. Alles um mich herum färbte sich rot.

Heute noch zucke ich bei Donner oder Sirenen zusammen. Mein ganzer Körper ist wie gelähmt und ich muss mich bewusst beruhigen, um wieder in die Gegenwart zurückzufinden. Auch diesen kleinen Koffer habe ich auf irgendeine Art und Weise heute noch bei mir. Ich bewahre Pass, Bargeld und ein paar andere wichtige Gegenstände in der ersten Schublade meines Nachttischs auf. Jederzeit bereit, alles in eine Tasche zu schmeißen und runter in den Keller zu rennen.

Wir saßen also eine Weile da unten in dem kalten Keller. Es roch nach Benzin und getrockneten Kräutern. Wir starrten die weißen Wände an. Alle Sinne auf höchster Alarmstufe hörte ich mein eigenes Herz wie einen Schlagbohrer im Kopf pochen. Obwohl ein Bombenangriff wohl nur Minuten dauerte, kam es mir vor wie eine Ewigkeit, die wir da unten auf dem harten Boden saßen, meine

Mutter nur in ein nasses Handtuch gewickelt, ich noch im Pyjama. Irgendwann kam dann das erlösende Geräusch. Der weiße Alarm. Entwarnung. Die Gefahr war vorüber. Für wie lange, wusste niemand. Wir gingen nach oben, wo kurze Zeit später auch mein Vater und mein Bruder, den er von der Schule abgeholt hatte, eintrafen. Wir fielen uns in die Arme, weinten, zitterten, küssten uns. Meine Mutter rannte zum Hörer und rief ihre Schwestern und andere Verwandte und Freundinnen und Freunde an. Alle waren am Leben. Gott sei Dank. Wir setzten uns ins Auto und fuhren zu einer meiner Tanten. Auf dem Weg dahin sahen wir, dass die Bombe ein Hochhaus nur zwei Straßen von uns entfernt getroffen hatte. Ein ganzes Haus, 25 Parteien, hunderte von Menschen einfach ausgelöscht. Per Knopfdruck. Wir hatten Glück. Die Flieger hatten es aus irgendwelchen Gründen in die Stadt geschafft, bevor der rote Alarm ausgelöst werden konnte. Das passiert, sagten sie.

Als Symbol der Trauer trugen alle in unserer Straße monatelang schwarze Kleidung. Im Islam und im Iran trauert man bis an die Grenze der Selbstvernichtung. Auf eine gewisse Art hören die Hinterbliebenen für eine lange Zeit auf, zu leben. Sie existieren nur noch. Und selbst das nicht mal mehr richtig. Bei den Aschura-Ritualen im Iran laufen Männer durch die Straßen und schlagen sich selbst solange mit Eisenketten auf den Rücken, bis sie bluten.

Diese Selbstgeißelung vollziehen sie als Andenken an Imam Hussein, den dritten Imam[1], der viel erleiden musste und umgebracht wurde. Trauernde wollen dadurch ihren Schmerz und ihr Mitgefühl zum Ausdruck bringen. Ich hasste diese Trauerzüge. Es zerriss mir mein kleines Herz, Menschen so leiden zu sehen. Ich merkte schon in jungen Jahren, dass etwas lichterloh in mir brannte, so sehr, dass ich manchmal das Gefühl hatte, förmlich daran zu verbrennen. Heute weiß ich: Es war mein Sinn für Gerechtigkeit und mein Wunsch nach Freiheit.

Ein Jahr nach diesem prägenden Erlebnis wurde ich eingeschult. Endlich, denn ich weinte schon seit meinem vierten Lebensjahr, da

---

1 Als Imam wird ein Geistlicher oder Gelehrter bezeichnet, der religiös-politisches Oberhaupt der islamischen Gemeinschaft ist.

ich auch wie mein Bruder in die Schule wollte. Er hasste sie. Ich liebte sie. Mit der Einschulung jedoch wurde mir das Ausmaß islamischen Einflusses endgültig klar, denn ich musste einen Hijab tragen. Ein kleines wildes, kreatives und fröhliches Mädchen, das bunte Kleider und gelbe Latzhosen mit Knöpfen, die wie Blumen aussahen, liebte, musste sich plötzlich komplett in Schwarz hüllen, sein dickes Haar bändigen und bedecken und sein Haupt senken, wenn es in der Schule einem Mann begegnete. Jeden Morgen wurden wir von der Schulaufsicht geprüft, ob wirklich alles ordentlich und ordnungsgemäß bedeckt war. Andernfalls wurde die Sittenpolizei verständigt, was Folgen und Strafen für die Eltern nach sich zog. Wir mussten brav die Regeln aufsagen und geloben, sofort zu melden, sollten bei uns daheim besagte Regeln nicht eingehalten werden. Unsere eigenen Eltern im schlimmsten Fall sogar zu verraten, war unsere Pflicht. Selbst heute noch, 36 Jahre später, während ich diese Zeilen schreibe, steigt eine so unbändige Wut in mir auf!

Die Mädchenschule war unweit der Jungenschule, aber Begegnung oder gar Kontakt war strengstens untersagt. Eltern, egal ob Vater oder Mutter, durften die Schule gar nicht erst betreten. Nur auf Einladung. Klar, denn sonst hätten sie ja von diesen Maßregelungen erfahren.

Ich erinnere mich, wie ich als Kind beim Beobachten eines Eiszapfens die Eisschicht auf dem Boden nicht sah, ausrutschte, und zu Boden fiel. Resultat: gebrochene Elle. Den Schmerz und den Gips, den ich wochenlang tragen musste, hatte ich schnell vergessen. Was in Erinnerung blieb, ist, dass meine Mutter nicht in die Schule hinein durfte, um mir aus meinem Wintermantel zu helfen. Ich konnte es nicht allein, mein Arm war ja eingegipst, aber sie durfte mir nicht helfen. So war die Regel. Meine Mutter regte sich fürchterlich auf, denn sie war von jeher eine Rebellin, die sich aus Prinzip nicht unterordnete. Auch und schon gar nicht vor diesem grausamen Regime. Sie setzte sich zur Wehr, wurde mehrmals verfolgt, musste untertauchen und in letzter Konsequenz mit meinem Bruder und mir illegal das Land verlassen. Als Kind war diese Situation schlimm für mich.

Aber ich hatte keine Ahnung, welches Ausmaß diese Geschehnisse später noch in meinem Leben annehmen würden.

Es nicht alleine in meinen Mantel hinein und heraus zu schaffen, war der Moment, in dem die Samen für meine Gefühle der Hilflosigkeit, Machtlosigkeit und stillen Wut in mein System gepflanzt wurden. Der Moment, in dem mir meine kindliche Unbeschwertheit geraubt wurde –

ohne natürlich zu wissen, dass mich später noch viel Schlimmeres erwarten würde. Es gab auch drastischere Maßnahmen zur Sitteneinhaltung als die Zutrittsverweigerung für Eltern an Schulen. Aber zum Glück blieben mir diese durch meinen kurzen schulischen Werdegang bzw. mein kurzes Leben im Iran erspart. Kopftuch tragen reichte. Ich glaube, schon mit 7 Jahren entwickelte ich meine unfassbare Abneigung gegen den Zwang, ein Kopftuch zu tragen. Ich verstehe heute noch nicht, warum eine Frau das freiwillig tun sollte. Warum muss ich mein Haar bedecken, damit der Mann es leichter hat, seinen Trieb zu kontrollieren, um im besten Fall nicht direkt wie ein Tier über mich herzufallen? Geht's eigentlich noch?!

Ich habe viele muslimische Freundinnen. Kaum eine trägt Kopftuch. Und die, die es tun, haben jegliche Diskussion mit mir darüber aufgegeben. Nicht verwunderlich, denn wurde ich als Kind schon im Iran gezwungen, einen Hijab zu tragen. Manche Frauen sagen, sie tragen freiwillig ein Kopftuch. Aber was genau ist daran freiwillig, wenn man in einem System aufwächst, in dem es unmoralisch, sittenwidrig und gar beschämend ist, wenn man kein Kopftuch trägt? Was ist daran freiwillig, wenn Mädchen und Frauen, von ihren Familien verstoßen, teils gehetzt und in einigen Fällen sogar getötet werden, wenn sie sich gegen Kleidervorschriften wehren und den

Wunsch äußern, ihr eigenes Leben zu leben - selbstbestimmt und frei? Wenn jahrhundertelang Frauen in gewissen Kulturen und Gesellschaften eingeredet wird, dass sie nur dann gut sind, die Familienehre aufrechterhalten und glücklich werden können, wenn sie sich unterordnen und gehorchen? Was genau ist daran selbst gewählt und freiwillig? Manche Musliminnen verteidigen das Tragen eines Kopftuchs als ihre Entscheidung, weil es leichter ist als zu erkennen, dass Frauen eigentlich keine Wahl haben. Freiwillig bedeutet für mich, dass ich in einer Gesellschaft aufwachse, in der Mann und Frau gleichberechtigt sind. In der ich, die Einhaltung geltender Gesetze vorausgesetzt, tun und lassen kann, was ich möchte und dennoch akzeptiert und geliebt werde.

Wenn mich niemand dazu zwingt, mich veralteten Regeln und zu Gunsten der Männer interpretierten Schriften zu beugen, um geliebt und anerkannt zu werden, dann können wir anfangen, von Freiheit zu sprechen.

Die Verschleierung der Frau war, ist und wird immer eine Form der Unterdrückung der Frau bleiben. Basta! Und die Interpretation und Ausübung von Religionen und die Politik sorgen nach wie vor dafür, dass sich nichts an der offensichtlichsten Form der Unterdrückung ändert. Schriften, die Jahrtausende alt sind und deren Übersetzungen und Auslegungen selten angezweifelt werden, bestimmen heute noch dogmatische Verhaltensweisen und moralische Grund- und Erwartungshaltungen. Dies ist nicht nur im Islam so, sondern zieht sich durch alle Religionen. Vielleicht halte ich genau deswegen nichts von Religionen. Mein Glaube ist eine zutiefst persönliche Beziehung. Ich lasse mir nicht diktieren, wann und wie ich zu glauben habe. Ich wurde von einer Frau erzogen, die mir vorgelebt hat, dass Männer und Frauen die gleichen Rechte haben. Und dafür trete ich heute ein. Doch dass ich der Gleichberechtigung von Frauen später mein Leben widmen würde, konnte ich damals noch nicht ahnen.

Als ich sieben war, stand fest, dass wir das Land verlassen müssen. Andernfalls wäre mein acht Jahre älterer Bruder als Soldat für den Krieg eingezogen worden. Damals war er gerade mal 15 Jahre alt. Beziehungsweise 15 Jahre jung. Zu jung zum Sterben. Ich glaube, dass der Wunsch, diesem Land den Rücken zu kehren, schon viel früher in meiner Mutter geweckt wurde. Meine Mutter war zu dieser Zeit eine sehr bekannte Journalistin, die mit Einzug des Regimes ihren Job verlor und auf der schwarzen Liste stand. Sie sollte aufhören, Menschen zu interviewen, die nicht die Meinung des neuen Regimes teilten. Sie sollte sich anpassen, gehorchen, ihr Haupt senken. Schließlich sei sie eine Frau und könne froh sein, dass sie überhaupt arbeiten darf. Sie nahm ihr Kopftuch runter, spuckte darauf und sagte, dass sie sich niemals unterordnen werde. Nach der fristlosen Kündigung wurde sie eine Zeit lang verfolgt. Ich bewundere meine Mutter für ihren grenzenlosen Mut, den sie noch viele Male in ihrem Leben unter Beweis stellen musste.

Da wir das Land nicht als Familie verlassen durften, brachten meine Mutter und ich erstmal meinen Bruder zu meiner Tante, die bereits in Deutschland lebte. Unter Familienbesuch erhielten wir das Visum, zumindest zu dritt. Ich erinnere mich ehrlich gesagt nicht mehr an den Grund, warum meine Mutter und ich nicht geblieben und stattdessen nochmal für ein Jahr in den Iran zurückgekehrt sind, aber ich weiß, dass ich in diesem Jahr meinem Bruder herzzerreißende Briefe voller Sehnsucht und Angst geschickt habe. Für mich fühlte es sich an, als würde er jetzt auf einem anderen Planeten leben. Ein Meer an Briefen und Tränen später war es dann auch bei uns so weit. Mit sehr viel Schmiergeld erhielten meine Mutter und ich erneut ein Visum. Mein Vater und einige Familienangehörige brachten uns zum Flughafen. Ich weiß, als wäre es gestern gewesen, wie ich mich bei der Verabschiedung an meinen Vater klammerte und ihn nicht loslassen wollte. Vielleicht ahnte mein kleines Herz schon, dass es das letzte Mal sein würde, dass ich ihn in meinen Armen halten werde. Ich fühlte eine große Melancholie, hatte jede einzelne Wand in unserem Haus zum Abschied geküsst, denn eigentlich wollte ich nicht gehen, aber irgendwie auch nicht bleiben. Dieses

Gefühl begleitet mich heute noch, nicht bleiben, aber auch nicht gehen zu wollen. Ich wollte nicht weiter in diesem Land sein, in dem Krieg herrschte und Frauen unterdrückt wurden, aber ich hatte auch Angst vor allem, was mich erwartete. Von den Bildern und Geschichten, die ich damals über Deutschland gehört hatte, wusste ich, dass Frauen keinen Schleier tragen mussten. Aber die Tatsache, dass Frauen mehrheitlich blond und hell sind und ich mit meinen dunklen Augen und Haaren extrem auffallen und mich fremd fühlen würde, war mir nicht bewusst. Genauso wenig, wie die Folgen und tiefen Narben, die die Entwurzelung nach sich ziehen würde.

Um als Flüchtende nicht aufzufallen, durften wir nicht viele Sachen mitnehmen. Hegte jemand bei der Sicherheitskontrolle den Verdacht, man wolle flüchten, sperrten sie einen sofort ein. Meine Mutter legte mir meine geliebten goldenen Armreifen um das Handgelenk und schob sie ganz hinauf bis knapp unter meine Elle. Ich trug einen Mantel. Die Abmachung war, nur ja niemandem meine Armreifen zu zeigen, sonst wären sie weg. Meine Mutter wiederholte die Mahnung mehrmals. Ich nickte zum Verständnis. Als die Sittenpolizei bei der Kontrollstation Kopf- und Körperbedeckung prüfte, fragte mich die Kontrolleurin, ob ich noch etwas habe, was ich herzeigen möchte. Aus mir unerfindlichen Gründen zog ich in der Sekunde der Frage meinen Ärmel hoch und zeigte mit Stolz meine goldenen Armreifen. Wie von meiner Mutter prophezeit, griff die Frau danach und wollte sie mir abnehmen, aber ich wehrte mich mit Händen und Füssen und großem Geschrei. Die Situation eskalierte und meine Mutter konnte die Hexe nur davon abbringen, mir meine Armreifen wegzunehmen, indem sie ihr ihren Ehering und ihre Kette als Ausgleich für meinen Schmuck gab. Ich sehe heute noch ihr Gesicht vor mir, schmerzerfüllt und in Tränen versunken, wie sich in mir still und leise die Saat der Schuld breit machte. Gott, fühlte ich mich schuldig. Warum habe ich nicht einfach geschwiegen? Mich nicht einfach an unsere Abmachung gehalten? Ich konnte es nicht einsehen, mein Hab und Gut zu verstecken. MICH zu verstecken. Denn war es nicht schon schlimm genug, dass wir unser Land wegen dieser fanatischen Personen verlassen mussten?

Die Rebellin in mir wollte sich wehren. Mit sieben Jahren, am Flughafen in Teheran, bewies ich den Mut, den ich viele Jahre später vergeblich suchen sollte. Es hat ganze 14 Jahre gedauert, bis ich in dieses Land zurückkehren durfte.

Kapital Teheran beendet, Kapitel Deutschland begonnen. Wir landeten am Zielflughafen München. Als ich die Flugzeugtreppe hinabstieg, den Boden der Freiheit berührte und stolz und laut *Kugelschreiber* rief - das einzige deutsche Wort, das ich zu diesem Zeitpunkt kannte - schien mir die Sonne direkt ins Gesicht.

KINDLICHE PRÄGUNG UND IHRE FOLGEN

Du musst nicht wie ich im Krieg aufgewachsen und entwurzelt sein oder dein Land verlassen haben. Doch prägende Kindheitserlebnisse, die heute Einfluss auf deine Verhaltensweisen haben, haben wir alle gemacht. Doch was genau ist Prägung?[2]

Anders als das kindliche Lernen aus Erfahrung wie Hinfallen und Aufstehen durch Ausreizen von Grenzen und Ausprobieren findet Prägung unwillkürlich statt und steht nicht in Zusammenhang mit gelösten oder nicht gelösten Aufgaben. Prägung findet in einer bestimmten Lebensphase unabhängig von Belohnung und Bestrafung statt. Sie beeinflusst unsere Denkweise, unser Handeln und bestimmt maßgeblich den Verlauf unseres Lebens. Prägung formt unsere Glaubenssätze, die die Basis unserer Wahrnehmung bilden und entsprechend Situationen, Menschen und Aufgaben in unser Leben ziehen.

Positive Prägung – negative Prägung

Die Wechselwirkung von Erlebtem und Interaktion mit unserer Umgebung beeinflusst unsere Persönlichkeit auf nachhaltige Weise. Durch die wiederholte Begegnung mit bestimmten Situationen oder Erfahrungen in den frühen Lebensjahren – in der Phase der Prägung – gestaltet sich das individuelle Weltbild eines Kindes. Je nach Art dieser Erfahrungen kann dieses Bild positiv oder negativ ausfallen. Emotionale Vernachlässigung, Trennung oder traumatische Erlebnisse vermitteln dem Kind den Eindruck, dass die Welt bedrohlich ist. Dies kann sich in einschneidenden Ereignissen, an die wir uns gut erinnern können, aber auch in sich wiederholenden Kleinigkeiten, die nicht unbedingt bewusst sind, manifestieren.

Im Gegensatz zu negativen Erfahrungen führt eine überwiegend positive Umgebung mit erfreulichen Erlebnissen dazu, dass das Kind die

---

2 „Wir sind als neugeborene Babys also alle auf Hilfe angewiesen und werden gleichzeitig durch die Art der erfahrenen Hilfeleistung geprägt ... Die frühkindlichen Erfahrungen werden in der Psychologie und Psychoanalyse frühkindliche Prägungen genannt." in Chalier, Siegfried: Grundlagen der Psychologie, Soziologie und Pädagogik für Pflegeberufe, S. 19

Welt als freundlichen und sicheren Ort wahrnimmt. Unter anderem dadurch entsteht Vertrauen in die eigene Person, ins Leben generell sowie in andere Menschen. Dieses Weltbild begleitet uns unbewusst unser ganzes Leben und beeinflusst unser Verhalten, unsere innere Haltung und unsere Reaktionen auf andere Menschen sowie das Erleben von zwischenmenschlichen Beziehungen jeder Art.

Die Prägung formt Schlüsselreize. Schlüsselreize spielen eine bedeutsame Rolle in unserem Leben. Diese simplen Reize können sich durch unsere verschiedenen Sinne bemerkbar machen und reaktiviert werden. Ich bin sicher, du kennst solche Reizaktivierungen. Gerüche, Geschmäcker, Melodien, Stimmen und Bilder, die dich sofort in bestimmte Situationen aus deiner Vergangenheit zurückbeamen: das Lied, das bei deinem ersten Kuss lief, der Geruch des Parfums deiner Oma, der Geschmack saftiger Kirschen, die du in den Sommerferien gegessen hast. Wir alle haben unsere ganz besonderen Erinnerungen, die sofort reaktiviert werden, wenn dieser Sinn demselben oder einem ähnlichen Reiz ausgesetzt wird. Wir speichern alles ab, ähnlich wie wir es mit Dokumenten, Bildern und Videos auf Festplatten im Job oder auch privat tun. Oft legen wir diese Festplatten in irgendwelchen Schubladen ab und vergessen sie dort.

Unsere interne Festplatte hingegen bewahrt die meisten Erinnerungen sehr genau auf – auch wenn wir sie nicht immer bewusst abrufen können. Und in einem Moment, in dem wir es oft nicht erwarten, wird plötzlich eine dieser alten Erinnerungen reaktiviert, die dann dafür sorgen, dass sich derselbe Film abspielt wie früher. Wir sind dann dieses kleine Mädchen oder dieser kleine Junge von damals, weil wir dieselben Emotionen wie damals verspüren. Manchmal triggert uns ein Verhalten oder eine Situation so sehr, ohne dass wir genau wissen, warum. Wir verspüren Wut, Ärger, Abneigung, Trauer, Angst oder auch Liebe und Freude. Sei dir gewiss, dies ist eine Reaktivierung einer bereits gemachten Erfahrung, die auf deiner Festplatte gespeichert ist.

Zu diesen Prägungen zählt übrigens auch, wie du deinen Körper wahrnimmst und ob du gerne berührt wirst oder nicht. All das basiert mitunter auf deiner kindlichen Konditionierung. Zum Beispiel wird jemand, der als Kind viel liebevollen Körperkontakt erfahren oder eine liebevolle Beziehung bei seinen Eltern wahrgenommen hat, eher positive Gefühle empfinden, wenn er berührt wird, als jemand, der diese kindliche Erfahrung nicht gemacht hat. Ist Körperkontakt hingegen mit negativen Emotionen verknüpft, löst er Angst, Ablehnung, Widerstand oder Kälte aus. Wenn der Reiz, der während der Prägungsphase gesetzt wurde, aktiviert wird, läuft quasi ein vordefiniertes Programm ab, das das Verhalten des Menschen gemäß seiner Konditionierung lenkt. Aus unzähligen Studien wissen wir heute, dass die Prägung in den ersten Lebensjahren einen weitaus größeren Einfluss auf einen Menschen hat als die genetische Veranlagung. Sie beeinflusst, wie wir in verschiedenen Situationen reagieren.

Warum ist es so wichtig, Prägung zu verstehen? Weil Erlebnisse bzw. deine Wahrnehmung als Kind deine Denkweise und dein Verhalten heute steuern. Ich bin zwar in einem liebevollen Elternhaus aufgewachsen, aber in einem Kriegsgebiet. Für mich war die Welt von klein auf ein gefährlicher Ort, in dem Menschen aus Habgier andere töten. Krieg ist in meiner Prägung und somit in mir tief verankert, was sich jahrelang in Misstrauen anderen Menschen gegenüber geäußert hat. Mein Leben war geprägt von der ständigen Angst, dass gleich wieder etwas Schlimmes passieren würde. Und klar, natürlich passierten mir dann laufend schlimme Sachen. Immerhin war meine Aufmerksamkeit allein darauf gerichtet. Heute weiß ich: Energie folgt Aufmerksamkeit[3].

Zudem wurde ich in einem Land geboren, in dem Frauen nicht gleichberechtigt waren und hinter einem Mann zu laufen hatten. Frauen ohne Ehemann waren in der Gesellschaft verpönt. Dieses Weltbild prägte uns jahrhundertelang - nicht nur im Iran.

Das Verhältnis zwischen meinem Vater und meiner Mutter war nicht besonders liebevoll. Mein Vater interessierte sich schlicht und ergreifend mehr für seine Freunde als für uns. Ich weiß noch, dass ich mit viel Mühe ein Ritual eingeführt hatte: Wann immer ich in der Schule eine Eins schrieb, musste mir mein Vater einen bunten Radiergummi kaufen. Das waren sozusagen unsere Aufkleber damals. Wir sammelten bunte Radiergummis, die toll rochen und unterschiedlichste Formen hatten.

---

3   Darüber werde ich noch ausführlich in Kapitel 7 schreiben.

Worauf wurde ich also als Kind geprägt?

1. **Auf Angst.**

   Denn ich wuchs die ersten 7 Jahre meines Lebens mit Krieg, Verlust und Ohnmacht auf. Die Welt war für mich ein ungerechter Ort, an dem Menschen sinnlos sterben und wo permanent Bedrohung lauert. Die erwachsene Saina hatte also das Gefühl von Bedrohung, Verrat und Gefahr in all ihre Gedanken und Zellen implementiert.

   ✴ *Mein Glaubenssatz heute lautet:* ***Ich bin sicher. Ich bin geleitet und geführt und ich darf Vertrauen in das Gute haben.***

   Dein Glaubenssatz:

   ....

   ....

   ....

   ....

2. **Auf Mangel.**

   Ausgelöst durch das Verhalten von Männern Frauen gegenüber und der Tatsache, dass Frauen in meinem Heimatland keine Rechte hatten und sich stets unterordnen mussten, hatte ich bereits als Kind bemerkt, dass Frauen scheinbar weniger wert sind. Diese Ungerechtigkeit und die Tatsache, dass mir schon als Kind klar war, dass das Leben im Krieg schwer ist und es Kinder in friedlichen Ländern besser haben, führten zu Mangeldenken und dem Glaubenssatz *Ich habe es schwerer als andere, ich muss kämpfen.*

   ✴ *Mein Glaubenssatz heute lautet:* ***Es darf auch leicht sein. Ich bin in Frieden.***

Dein Glaubenssatz:

....

....

....

....

3. **Auf Leistung.**

Die Tatsache, dass mein Vater sich nur Zeit für mich genommen
hatte, wenn ich eine Eins schrieb, löste in mir den Drang aus,
perfekt sein zu müssen. Ich war Anfang 30, als ich diese Prägung
erkannte. Weitere 9 Jahre vergingen, bis ich den dazugehörigen
Glaubenssatz *Ich bin nicht genug* auflösen konnte.

✳ *Mein Glaubenssatz heute lautet:* **Mein Wert als Mensch
ist komplett leistungsunabhängig. Ich bin es wert, geliebt zu
werden, und muss niemandem etwas beweisen.**

Dein Glaubenssatz:

....

....

....

....

Das Erkennen deiner Prägungen ist ein erster wichtiger Schritt zur Veränderung. Denn nur dann kannst du dich selbst und deine Verhaltensweisen verstehen und diese aktiv umprogrammieren.

Gehe zurück – gerne in Begleitung einer Coachin oder eines Coaches
– in die ersten Jahre deiner Kindheit und versuche, frühkindliche Erlebnisse nochmal Revue passieren zu lassen. Was waren besonders schöne
Momente in deinem Leben? Welche lösen ein nicht so gutes Gefühl in
dir aus? Gibt es Momente, die du gerne streichen würdest? Und falls ja,
was empfindest du in dieser Erinnerung? Welches Gefühl kommt hoch?
Ist dir das Gefühl wieder in deinem Leben begegnet oder begegnet es dir
heute noch? Welchen Teil deiner Geschichte würdest du umschreiben,
wenn du könntest, und wie würde dieser neue Part aussehen?

Frage auch deine Eltern, Verwandten bzw. Freundinnen und Freunde. Oft erinnern wir uns selbst nicht mehr, weil manche Erfahrungen so schmerzhaft für uns waren, dass wir sie aus unserem Bewusstsein gestrichen und in Truhen gepackt haben, gut verstaut in den Tiefen unseres Unterbewusstseins. Manchmal haben wir sogar noch etliche Schlösser dran befestigt, damit sie auf keinen Fall aufgehen. Wir haben diese Erfahrungen so tief in den Truhen begraben, dass wir ihre Existenz fast schon vergessen haben.

Woran merken wir, dass sie uns dennoch beschäftigen? Gerade Menschen, die permanent Beschäftigung brauchen und Ruhe und Stille meiden, haben solche gut verstauten Truhen und vermeiden durch permanente Ablenkung das Hochkommen ihrer Inhalte. Ich spreche hier aus eigener Erfahrung.

❤ Ich verrate dir jetzt eine gute und eine schlechte Nachricht. Die schlechte ist: Du kannst deine Geschichte nicht ändern und auch nicht umschreiben. Es ist wie es ist. Akzeptanz ist der erste Schritt zu innerem Frieden. Die gute Nachricht aber ist: Du kannst deine Emotionen und Glaubenssätze zu all deinen Erfahrungen und den damit einhergehenden Prägungen verändern. Du kannst für dich entscheiden, dich von einer bestimmten Erfahrung nicht länger runterziehen oder ausbremsen zu lassen. Und mit diesem Bewusstsein verändert sich alles.

KAPITEL 2

IDENTIFIKATION UND EINFLUSS

ANDERS

Fremd in der Fremde,
warst du kleines Mädchen.
Mutig dich deinem neuen Leben stellend.

Lieber leise als laut warst du,
um nicht aufzufallen,
um dadurch vielleicht dazuzugehören.

Anders warst du in ihren Augen,
dein schwarzes Haar schwer
auf deinen Schultern liegend,
während ihre goldenen Strähnen
im Wind tanzten.

Fremd in der Fremde
warst du kleines Mädchen,
wie eine Blume samt Wurzeln
aus ihrer Erde gerissen,
lose in einen Kelch voll Wasser gestellt.

Doch du lerntest
im Wasser zu schwimmen
und mit der Zeit wuchsen neue Knospen.
Erst in zart bedeckten Farben,
aber von Jahr zu Jahr,
verwandelten sie sich
in leuchtend rote Blüten.

Anders bist du in ihren Augen,
doch dieses Anderssein
zieht sie in deinen Bann wie Magie,
denn dein helles Leuchten
verzauberte sie.

Fremd bist du nicht mehr,
kleines Mädchen,
denn die Fremde ist nun
ein Teil von dir.

Saina B.

AUSGESCHLOSSEN IN DER FREMDE

Die ersten Monate in Deutschland waren großartig. Die Magie des Neuen hatte mein ganzes kleines Wesen eingenommen und ich strahlte von innen heraus. Zwei meiner drei Tanten lebten inzwischen seit einigen Jahren in Deutschland. Wir kamen in der WG meiner jüngsten Tante unter. Wir teilten uns zu viert ein Zimmer, also sie, meine Mutter, mein Bruder und ich. Obwohl der Raum klein war, hatte ich absolut kein Gefühl von Enge. Im Gegenteil: Die Welt lag mir zu Füßen. Wir waren frei. Wir mussten keinen Schleier mehr tragen und ich durfte sogar in meinen geliebten bunten Kleidern zur Schule gehen. Zwar vermisste ich meinen Vater und meine andere Tante, die noch im Iran war, aber dafür hatte ich den Rest meiner Familie bei mir - vor allem meinen geliebten Bruder. Ich liebte die chaotische WG meiner Tante, in der noch Cinzia aus Italien lebte, und Simone aus Deutschland, die zum Studieren nach München gekommen war. Sie redeten alle wild durcheinander, tranken Wein, rauchten und kamen spät in der Nacht von irgendwelchen Partys nach Hause. Keine Sittenpolizei, kein Rechenschaft ablegen, keine Verbote. Sie lebten wild, frei, unabhängig. Ja, das musste das Paradies sein. Ich wollte unbedingt auch so leben wie Cinzia und Simone, wenn ich groß bin.

Mein Bruder hat sich in Deutschland gut eingelebt, immerhin war er schon ein Jahr lang hier. Er verbrachte viel Zeit mit seinen Freunden, aber eben auch mit Mädels. Klar, er war ja auch schon in der Pubertät, was ich mit meinen siebeneinhalb Jahren nicht verstand. Ich wünschte mir mehr Aufmerksamkeit von ihm, was wohl auch an unserer langen Trennung lag. Rückblickend muss ich schmunzeln. Denn wie hätte er mir mehr Aufmerksamkeit schenken sollen? Schließlich war das konstante Desinteresse meines Vaters uns Kindern gegenüber unheimlich prägend. Wir haben schlichtweg nie vorgelebt bekommen, wie sich ein Mann einfühlsam kümmert und seine Zuneigung zum Ausdruck bringt - weder physisch, noch verbal.

Ich kam in die Schule. Endlich! Da ich nach wie vor bis auf Kugelschreiber kein Wort Deutsch konnte, musste ich erneut in die erste

Klasse und war somit die Älteste in meinem Jahrgang, was sich bis zu meinem Abitur durchzog. Ab und zu gesellte sich dann doch eine Gleichaltrige oder ein Gleichaltriger zu mir, meist Sitzengebliebene aus einem anderen Jahrgang, aber eine enge Freundschaft entstand daraus nie. In meiner Klasse war ich das einzige dunkelhaarige Mädchen. 1987/88 gab es nicht so viele Ausländerinnen und Ausländer in München. Heute ist das anders. Also setzte ich mich zu den einzigen anderen drei ausländischen Mädchen, die ich bei der Einschulung anhand ihrer Familien, die zusammenstanden und in meiner kindlichen Wahrnehmung ganz eindeutig anders aussahen als die anderen Eltern, als Ausländerinnen identifizierte. Susi, Sonja und Gabi, alle aus Jugoslawien[4]. Irgendwie war unsere Kombo wie Tick, Trick und Track plus Saina, denn ich verstand ja leider ihre Sprache nicht, was egal war, denn Deutsch konnte ich ebenso wenig.

Am ersten Tag durften die Eltern noch bleiben. Etwas, das ich aus meiner Schulzeit im Iran überhaupt nicht kannte. Jedes Kind erhielt einen Aufkleber mit einer bestimmten Obstsorte, um sich Namen besser merken zu können. Ich war eine Kirsche. Wie passend. Ich fühlte mich sehr wohl damit. Großes Unwohlsein begann erst, als mich meine Mutter ab dem zweiten Tag nicht mehr in die Klasse begleiten durfte. Mich jeden Morgen räumlich von meiner Mutter zu trennen, löste bei mir massive Panik aus. Ich hatte Angst, meine Mama nie wieder zu sehen, was sich in schlimmen Bauchschmerzen äußerte, die wiederum dazu führten, dass mich meine Mutter des Öfteren früher von der Schule abholen musste. Ich hatte doch schon mein Land und meine vertraute Umgebung verlassen! Warum ließ man mich nun auch noch hier alleine?

4   Anmerkung: Jugoslawien war von 1918 bis 2003 ein europäischer Staat.

Nach all den anfänglichen Gefühlen von
Freiheit und Stolz fühlte ich mich zum ersten
Mal fremd in der Fremde. *So sehr mich die
neue Umgebung auch faszinierte, sie machte
mir zugleich ungeheure Angst.*

Nichts hier war mir vertraut. Weder die Kultur, noch die Menschen,
noch die Sprache. Auch die Gerüche, Geschmäcker und Melodien
waren anders als in meiner Heimat. Umso mehr klammerte ich mich
an alles und alle, die mir vertraut waren. Meine Grundschullehre-
rin in der ersten und zweiten Klasse war ein wahrer Goldschatz. Sie
nahm sich so viel Zeit für mich und begegnete mir mit ganz viel Liebe
und Verständnis. Frau Veitleder, wie dankbar ich doch für sie war.
Sie war eine kurvige braunhaarige Frau Mitte 30 und hatte immer
rote Bäckchen. Sie trug lange Röcke und bunte Blusen und hatte
immer ein Lächeln auf den Lippen. Nach einigen Wochen sponta-
ner Bauchwehabholungen riet sie meiner Mutter dazu, mit mir eine
Kinderpsychologin aufzusuchen. Sie erkannte die dahinterliegende
Angst und wünschte sich für mich, dass ich lernte, meine Angst aufzulösen. Von diesen Sitzungen weiß ich nicht mehr viel, nur dass ich
tolle Spiele spielen durfte und jedes Mal länger dort blieb. Die Praxis
war am Rande von München. Wir fuhren immer über 30 Minuten
mit der Straßenbahn dorthin. Die Praxis roch staubig. Überall lagen
bunte Spielzeuge rum. Von Sitzung zu Sitzung musste meine Mutter
den Praxisraum jeweils für einen längeren Zeitraum verlassen. Und
irgendwann ging sie sogar aus der Praxis. Die Psychologin lenkte
mich mit Büchern und bunten Spielen ab. Mein Blick blieb immer
auf die Tür gerichtet, durch die meine Mama gegangen war. Sobald
sie weg war, kamen beklemmende Gefühle hoch. Doch ich wollte
tapfer sein und schluckte die Angst in mir runter. Da meine Mutter mich jedes Mal nach dem Spielen wie vereinbart abgeholt hatte,
kam in mir nach und nach ein Gefühl der Sicherheit auf und die
Angst, allein gelassen zu werden, wich etwas. Zumindest so, dass
die Abstände zu den schlimmen Bauchschmerzen länger wurden

und sie mich seltener von der Schule abholen musste. Frau Veitleder hatte zudem so ein schönes Umfeld in der Schule geschaffen, dass ich diesen Ort liebte. Sie gab mir so viel Aufmerksamkeit und das Gefühl, ein ganz besonderes Mädchen zu sein. Susi, Sonja, Gabi und ich waren inzwischen auch ein eingespieltes Team und wir verbrachten jede Sekunde zusammen.

Vielleicht wäre mein weiterer Lebensweg anders verlaufen, wenn Frau Veitleder auch in der dritten und vierten Klasse meine Lehrerin geblieben wäre. Aber das tat sie nicht. Frau Koch kam und tatsächlich wurde mir erst vor einigen Monaten, als ich mit den Recherchen für mein Buch begonnen hatte, das volle Ausmaß ihres Verhaltens für mein Leben bewusst.

Frau Koch war eine strenge, sehr kontrollierte und verbitterte ältere Frau. Sie trug dunkelbraune Kostüme und glatt gebügelte dunkle Blusen. Sie hatte immer eine Perlenkette umgelegt und ihre Haare zu Locken eingedreht, die sie zu einem Dutt zusammengebunden hatte. Ihr Geruch hatte etwas muffig Verstaubtes an sich und allein das Geräusch ihrer Absatzschuhe versetzte mich in Angst. Heute würde ich Frau Koch als rechts betiteln. Als Kind wusste ich nichts von Parteien und politischen Gesinnungen. Aber es war offensichtlich: Frau Koch mochte weder mich noch meine drei ausländischen Freundinnen. Doch im Gegensatz zu mir hatten sie keine schwarzen, dicken Haare und dunkle Augen. Sie hätten auch als Deutsche durchgehen können, hätte das -ic am Ende ihrer Nachnamen und das gebrochene Deutsch ihrer Eltern ihre Herkunft nicht verraten. In der dritten Klasse begann der Religionsunterricht und weil ich nun mal dunkle Haare hatte und aus dem Iran kam, war für Frau Koch klar, ich müsse Muslimin sein. Ich glaube, sie wusste nicht einmal, wo der Iran war, denn sie sagte oft Irak und wenn ich sie korrigierte, sagte sie schnippisch, das sei doch alles das Gleiche. Ein Satz, der mir jedes Mal einen Stich versetzte, denn wäre es das Gleiche, hätte es keinen Krieg gegeben, hätte ich nicht fliehen müssen, hätte ich sie und ihre Gehässigkeit nicht ertragen müssen. Auch die Tatsache, dass ich vom Islam genau so viel Ahnung hatte wie von der chinesischen Sprache, war ihr vollkommen egal. Meine Mutter glaubte an Gott. Sie hielt nichts von der Instrumentalisierung des Islams durch das Regime und der damit verbundenen Unterdrückung von Frauen. Sie war mitunter berufsbedingt als Journalistin sehr westlich orientiert. So hatten wir auch viele Personen christlichen und jüdischen Glaubens im Freundeskreis und feierten bereits im Iran sämtliche religiöse Feste wie Weihnachten und Chanukka. Für uns waren das großartige Anlässe, um mit unseren Freundinnen und Freunden zusammenzukommen. Durch den Hort in der ersten und zweiten Klasse kamen Ostern und Pfingsten noch hinzu. Meiner Mutter war es wichtig, dass wir die Kultur, in der wir nun lebten, auch verstanden und zelebrierten. Integration, wie sie in meinen Augen sein sollte. Jedenfalls gab es damals keinen Ethikunterricht für eine „Nicht-Christin", wie Frau Koch mich vorwurfsvoll nannte, und so musste ich, während meine Freundinnen im Religionsunterricht waren, ganz allein im Gang der Schule sitzen und weinte bitterlich.

Das Licht im Gang ging immer wieder aus. Alle saßen in den Klassenzimmern. Ich saß da im Dunkeln und fühlte mich allein, fremd und ausgeschlossen.

Anfangs versuchte ich, mir die Situation irgendwie schönzureden, aber egal, wie sehr ich mich auch bemühte, es war und blieb schrecklich, allein im kalten, dunklen Gang des alten Gebäudes zu sitzen. Jedes Knatschen und Knirschen ließen mich zusammenzucken. Ich hörte die anderen Kinder im Klassenzimmer reden, lachen, singen und in mir nistete sich eine so unfassbar tiefe Traurigkeit ein, dass ich sie wohl in eine dieser anfangs beschriebenen Truhen packen und ganz tief in mir vergraben musste.

Ich erinnerte mich erst mit 33 an diese Situation, als mich eine Freundin zu einem Energieseher schickte. Sie meinte, dass ich eine Mauer um mich herum aufgebaut habe und so leistungsgetrieben sei, dass ich mich noch kaputt arbeite. Arbeit bzw. Erfolg waren das Einzige, wonach ich strebte. Und obwohl ich müde davon war, konnte ich mein Verhalten nicht ändern. Ich wollte unbedingt erfolgreich sein. Sie redete so sehr auf mich ein, dass ich irgendwann einen Termin buchte. Robin, so hieß er, war in der Lage, Situationen aus der Vergangenheit zu malen, die uns maßgeblich beeinflussten und unser Verhalten von heute noch steuern. Er malte ein kleines Mädchen, das weinend im Gang sitzt. Er sagte, ich müsse zwischen acht und zehn Jahre gewesen sein und fragte, ob ich mit diesem Bild etwas anfangen könnte. Robin malte furchtbar. Und nur durch die Erklärung seiner Zeichnungen verstand man überhaupt, was er ausdrücken wollte. Ich hatte mir irgendwie einen guten Zeichner vorgestellt, als mir meine Freundin von ihm erzählt hatte, aber keine Spur davon. Ich glaube, ein kleines Kind könnte sogar besser zeichnen als er. Jedenfalls verneinte ich seine Frage, denn ich erinnerte mich nur an die beliebte Saina, die Klassensprecherin war und selten allein. Er meinte, dass diese Situation mich verändert und dazu geführt hätte, dass ich glaube, immer mehr als andere leisten zu müssen, um dadurch vielleicht endlich dazuzugehören. Er habe aber jetzt diese Situation emotional aufgelöst und so könnte ich mich wieder auf meinen eigentlichen Lebensweg begeben. Völliger Quatsch, dachte ich, bezahlte brav und ging. Erst ein Anruf bei meiner Mama und die gemeinsame Analyse meiner Kindheit ließen diese Erinnerung, die Robin in seinem Bild wieder Realität werden ließ, aus der Truhe hervorkommen. Sie meinte plötzlich: „Ah, na klar. Das muss in der dritten Klasse gewesen sein, als du immer im Gang sitzen musstest, bei dieser Frau Koch, während die anderen Kinder Religionsunterricht hatten."

„Ah, stimmt", sagt ich, legte auf und fuhr weiter, denn ich hatte sie aus dem Auto aus angerufen. Ich fuhr noch eine ganze Weile, bis ich plötzlich bemerkte, dass sich ein Knoten in meinem Hals gebildet hatte. Langsam kroch ganz schüchtern eine Träne über meine Wange. Es wurden mehr und mehr Tränen und plötzlich war es, als hätte man die Büchse der Pandora geöffnet.

In mir stieg ein so tiefer und gewaltiger Schmerz hoch, dass ich bitterlich schluchzend an die Seite fahren musste. Plötzlich war es wieder da, dieses kleine dunkelhaarige Mädchen, alleine im Gang sitzend, ängstlich, verschüchtert, ungeliebt, verraten.

So fühlte ich mich, denn keiner kam, um mich zu retten, vor Frau Koch, vor der Leere, vor der Ungerechtigkeit. Das ging noch einige Tage so. Ich konnte einfach nicht aufhören zu weinen. Es war, als ob sich dieser Schmerz jahrelang versteckt und nur darauf gewartet hatte, endlich an die Oberfläche treten zu dürfen. Und jetzt, da er meine Aufmerksamkeit hatte, machte er sich breit, in jeder Zelle, in jedem Atemzug. Die Schlösser der tief vergrabenen Truhe waren aufgebrochen, durch ein einziges Bild, und sie ließen sich nicht mehr schließen. Robin hatte recht. Dieses Ereignis veränderte mich und mein Wesen maßgeblich. Doch bis zu dieser Erkenntnis und der Transformation musste ich noch viele Male dem so festsitzenden Glaubenssatz *Ich gehöre nicht dazu* begegnen und schmerzhafte Erfahrungen machen, die das immer und immer wieder bestätigten.

Leider war das Gefühl des Ausgeschlossenseins nicht das Einzige, was Frau Koch in mir einpflanzte. Als es gegen Ende des vierten Schuljahres um die Frage ging, wer auf die Hauptschule, Realschule und aufs Gymnasium kommt, stand ihre Entscheidung ganz klar fest. Ich, als Ausländerin, habe natürlich nichts auf dem Gymnasium verloren. Da hätte ich eh keine Chance, sagte sie meiner Mutter, ganz gleich, ob ich inzwischen perfekt deutsch sprach und gute Noten hatte. Doch so leicht gab meine Mutter nicht auf. Sie informierte sich mit ihrem gebrochenen Deutsch, ging von Gymnasium zu Gymnasium, fragte Freundinnen und Freunde und Bekannte um Rat. Sie fand heraus, dass meine einzige Chance, aufs Gymnasium zu kommen, eine bestandene Aufnahmeprüfung auf einem Gymnasium meiner Wahl war. Ich wollte unbedingt auf eine Mädchenschule.

Diese Absicht hatte nichts mit meiner Herkunft zu tun, sondern mit meiner ersten Begegnung mit dem Konkurrenzkampf unter Frauen, in diesem Fall unter Mädchen. Jungs lenkten ab und Jungs führten dazu, dass Mädchen blöd zueinander wurden. Das wollte ich nicht. Also entschied ich, auf eine Mädchenschule zu gehen. Da gab es gar keine Jungs und somit auch Frieden unter den Mädchen, so dachte ich. Das Gymnasium in München hieß *Max-Josef-Stift* und gehörte zu den besten in der Stadt. Es war ein altes historisches Gebäude am Prinzregentenplatz. Es hatte zwei Tore, durch die man auf einen großen Hof gelangte, in dem sich ein wunderschöner Rosengarten befand. Ich liebte dieses Gebäude mit dem Marmorboden und den hohen Decken mit Stuckverzierungen. Ich wollte unbedingt auf diese Schule gehen. Nach der Anmeldung zur Aufnahmeprüfung kam meine Mutter etwas geknickt zurück und meinte, das würde sehr schwer, denn laut der Dame im Sekretariat bestünden nur 3 % die Aufnahmeprüfung.

Puh, das war eine Challenge. Ich lernte und lernte, bis mir die Augen zufielen. Nächtelang saß ich gekrümmt auf meinem Bett und versuchte, all das Wissen in meinen Kopf zu bekommen, das ich oftmals nicht einmal verstand. Aber ich wollte unbedingt aufs Gymnasium, um es dieser blöden Frau Koch zu beweisen und um meine Mutter glücklich zu machen. Denn schon bevor wir nach Deutschland kamen, hatte sie berichtet, dass ich dort studieren und eine erfolgreiche Frau werden kann, was im Iran nicht möglich gewesen wäre. Auch meinem Bruder wollte sie mit unserer Flucht eine gute Bildung ermöglichen, aber da er schon älter war, hatten sie ihn direkt auf die Hauptschule gesteckt und da wir zu dem Zeitpunkt noch im Iran waren, konnte meine Mutter nicht wie bei mir um seine Versetzung kämpfen. Ich musste also aufs Gymnasium, denn sonst wäre doch alles umsonst gewesen. Der Tag der Prüfung kam und ich gab mein Bestes. Ich erinnere mich daran, wie ich mit zittriger Hand diese ganzen Antworten auf die Formulare schrieb und bei jedem Wort und jeder Zahl betete, dass sie richtig sei. Eine grausame Woche später, in der ich kaum schlief, weil ich so Angst vor dem Ergebnis hatte, kam dann der ersehnte Brief.

ICH HATTE BESTANDEN.
Ich gehörte zu den 3 %.

Ich werde nie das Gesicht meiner Mutter vergessen, als sie ins Klassenzimmer stürmte, um mir diese Nachricht zu überbringen. Leider war Frau Koch an diesem Tag krank und das nahm meiner Mutter etwas die Siegesfreude, denn sie wollte ihr den Brief vors Gesicht halten. Dennoch freuten wir uns und tanzten. Ich konnte auf meine Traumschule mit dem Rosengarten. Doch weder diese Tatsache, noch mein bestandenes Abitur oder mein abgeschlossenes Studium änderten etwas in mir. Frau Kochs giftiger Satz hatte sich in mir eingenistet.

Ausländermädchen gehören nicht aufs Gymnasium – das war für mich gleichbedeutend mit GEHÖREN NICHT HIERHER.

IDENTIFIKATION UND DER EINFLUSS ANDERER AUF UNS

Unsere Suche nach Vorbildern und Personen, mit denen wir uns identifizieren können, beginnt bereits im Kindesalter. Du kannst dich bestimmt noch an deine eigenen Idole erinnern, möglicherweise Popstars oder Schauspielerinnen und Schauspieler. Wenn es aber um die Frage geht, was erlaubt ist und was nicht, was gut ist und was nicht, spielen unsere Eltern in der Entwicklung eine immense Rolle. Diese Jahre und der Einfluss wichtiger Schlüsselpersonen beeinflussen unsere späteren Moralvorstellungen, Glaubenssätze und unsere soziale Entwicklung maßgeblich. Oft ist es nur ein einziger Satz, der sich wie Gift in jeder unserer Zellen einpflanzt und fortan unsere gesamte Denkweise und unser Handeln bestimmt. In welchem Ausmaß Identifikation Einfluss auf unser Leben nimmt, will ich dir hier aufführen:

- **Selbstkonzept und Selbstwertgefühl:**
  Identifikation hilft jungen Menschen dabei, sich selbst besser zu verstehen, ihre Interessen, Fähigkeiten und Werte zu erkennen und somit ihre Identität zu entwickeln. Dazu gehört auch, ein gesundes Selbstkonzept und Selbstwertgefühl zu entwickeln. Wenn wir uns mit Menschen identifizieren, die uns primär fördern, kann daraus ein gestärktes Selbstvertrauen und ein höheres Selbstwertgefühl resultieren. Umgekehrt können Identifikationen mit Menschen, die beispielsweise unter schweren psychischen Problemen leiden, zu Unsicherheit, Angst und geringem Selbstwertgefühl führen.

- **Soziale Bindungen:**
  Identifikation kann die Bindung an Familie, Freundinnen und Freunde, Gemeinschaft und Kultur stärken. Durch Identifikation fühlen sich junge Menschen bestimmten sozialen Gruppen und Netzwerken zugehörig, was wiederum emotionale Unterstützung und soziale Integration fördert. Je nachdem, mit wem wir uns identifizieren, verändert sich auch unser Verhalten. Wir

neigen dazu, uns in Übereinstimmung mit den Werten, Normen und Erwartungen der Gruppen zu verhalten, mit denen wir uns identifizieren. Zum Beispiel können kulturelle, religiöse oder berufliche Identifikationen unser Verhalten in sozialen Situationen, in unserem Privatleben, am Arbeitsplatz oder in unserer Freizeit beeinflussen.

- **Orientierung und Richtungsweisung:**
  Identifikation kann jungen Menschen dabei helfen, eine klare Vorstellung von ihren Zielen, Wünschen und Träumen zu entwickeln. Sie kann als Leitfaden dienen, der ihnen hilft, Entscheidungen zu treffen und sich auf eine bestimmte Lebensrichtung zu konzentrieren, da sie unsere Werte, Prioritäten und Präferenzen formt.

- **Wertevermittlung:**
  Identifikation mit bestimmten Werten und ethischen Prinzipien kann dazu beitragen, eine moralische Orientierung zu entwickeln. Junge Menschen können durch Identifikation mit positiven Vorbildern und Wertesystemen lernen, wie man ethisch angemessene Entscheidungen trifft.

- **Persönliche Entwicklung:**
  Identifikation ermöglicht es jungen Menschen, sich mit Vorbildern, Helden oder Role-Models zu identifizieren, was inspirierend und motivierend sein kann. Dies kann dazu beitragen, dass sie ihre eigenen Fähigkeiten und Potenziale erkennen und entwickeln. Fehlen jedoch diese positiven Vorbilder, kann dies zu Mangeldenken und Unsicherheit führen.

- **Kulturelles Bewusstsein:**
  Identifikation mit kulturellen und ethnischen Hintergründen fördert das kulturelle Bewusstsein und die Wertschätzung der Vielfalt. Dies trägt zu einem respektvollen Umgang mit Menschen verschiedenster Kulturen bei.

Identifikation in jungen Jahren ist unsere Basis und trägt zur Entwicklung der eigenen Identität bei. Aber zum Glück ist sie ein dynamischer Prozess und so ist es möglich, sie im Laufe des Lebens zu transformieren. Für mich gab es drei Hauptthemen, die ich für mich verändern durfte.

In meinem Fall äußerte sich die Suche nach Zugehörigkeit in folgenden Bereichen:

1. **In der Suche nach Heimat**
   Aufgrund meines Aussehens falle ich in Deutschland auch heute noch auf. Auch wenn ich mit meiner Andersartigkeit inzwischen wunderbar leben kann, gibt es dennoch Tage, an denen mir eine Frage wie *Wo kommen Sie ursprünglich her?* oder die vermeintlich wohlwollende Bestätigung *Sie sprechen aber gut Deutsch* nach wie vor das Gefühl vermitteln, hier fremd zu sein, auch wenn diese Sätze natürlich nicht böse oder verachtend gemeint sind. Heute sehe ich es so, dass sich die Kultur des Landes, in dem ich den Großteil meines Lebens verbracht habe, mit meiner ursprünglichen Kultur-DNA über die Jahre vermischt hat. Im Iran merkt man mir zwar das Anderssein optisch nicht an, doch sobald ich spreche, wissen die Leute, dass ich hier nicht mehr lebe. Ich spreche mit Akzent und mein Schreib- und Leseniveau ist in etwa auf dem einer Zweitklässlerin. Ich bin hier zwar noch jahrelang samstags auf die persische Schule gegangen, aber viel hängengeblieben ist davon leider nicht. Manchmal fühle ich mich heimatlos. Auch heute noch. Aber meine Haltung dazu hat sich verändert.

   ✳ *Mein Glaubenssatz heute lautet: Ich brauche keine von außen mir zugeschriebene oder auf dem Papier definierte Heimat, um mich zugehörig zu fühlen. Ich finde Heimat in mir. Ich kann überall zu Hause sein. In der fehlenden Identifikation mit einem Land finde ich Freiheit.*

Dein Glaubenssatz:

....

....

....

....

2. **In der Suche nach Zugehörigkeit**
Heute verstehe ich, wo mein fehlendes Gefühl von Zugehörigkeit herkommt. Im Erfassen und Begreifen der Ursache liegt die Chance für Heilung. Zugehörigkeit ist ein Zustand, den wir selbst erschaffen können. Was mich als Kind tief traurig gemacht hat, erkenne ich heute als die Möglichkeit, mein eigenes Umfeld zu kreieren. Menschen, die ich wähle und die mir ein Gefühl von Zugehörigkeit fern von jeder Kultur, Religion und Herkunft vermitteln. Dieses Gefühl ist universell und nennt sich LIEBE.

✳ *Mein Glaubenssatz heute lautet:* **Die, die ich liebe und die, die mich lieben, gehören zu mir. Und allem voran gehöre ich zu mir.**

Dein Glaubenssatz:

....

....

....

....

3. **In der Suche nach Erfolg**
Mein fast zwanghaftes Streben nach Erfolg hat mich bis zur Grenze der Erschöpfung gebracht. Und wenn ich ganz ehrlich zu mir bin: sogar weit darüber hinaus. Als Kind hatte ich den Glaubenssatz verinnerlicht: *Nur, wenn ich gut genug bin, gehöre ich vielleicht dazu.* Das Streben nach Anerkennung über Erfolg äußerte sich im permanenten Druck, gut oder sogar besser sein zu wollen als alle anderen, mehr als andere zu leisten, zu kämpfen, nicht aufzugeben, weiterzumachen, ganz gleich, wie müde ich

war. Meine eigenen Bedürfnisse wurden immer den Ergebnissen hintangestellt. Heute weiß ich außerdem, dass dieser Glaubenssatz besonders tricky ist. Denn selbst wenn ich Bestleistungen erbringe: Wer garantiert mir denn, dass ich hinterher dazu gehöre? Auch dann ist meine Zugehörigkeit zu einer Gruppe nur möglich, aber eben nicht sicher.

✳ *Mein Glaubenssatz heute lautet:* **Ich darf in gesundem Maße zielstrebig und ambitioniert sein. Ich gönne mir eine Pause, wann immer mein Körper sie braucht. Ich weiß, wann mir Dinge zu viel werden und ich weiß auch, dass der Preis zu hoch ist, seinen Körper dem Erfolgsstreben zu opfern.**

Dein Glaubenssatz:

....

....

....

Es hat Jahre und Jahrzehnte gebraucht, bis ich verstanden habe, dass diese komplett übertriebenen Anforderungen an mich nur der vergebliche Versuch nach Zugehörigkeit waren. Doch wer Zugehörigkeit durch Erfolg findet, verliert sie auch genauso schnell wieder. Denn Erfolg ist genauso wenig konstant wie sonst etwas im Leben. Ich lernte, Erfolg anders zu definieren, weniger über Zahlen und mehr über meine innere Ausgeglichenheit, und da ich nach und nach meinen Mangel an Zugehörigkeit heilen durfte, konnte auch Erfolg wieder seinen normalen Platz einnehmen und sich in innere Zufriedenheit transformieren. Gleichzeitig erkenne ich die positiven Seiten meiner Zielstrebigkeit an. Es ist nichts verwerflich daran, sich im Leben Ziele zu setzen und ambitioniert daran zu arbeiten! Meine Willensstärke und meine Beharrlichkeiten haben mir immerhin zu meinem Abitur verholfen. Ich konnte mein Studium an der LMU erfolgreich abschließen und ich fand den Mut, in die Selbstständigkeit zu gehen. Letzten Endes kann ich sagen, dass mein überwiegend ungesundes Streben nach Erfolg dazu geführt hat, dass ich mich mit mir auf einer tieferen Ebene auseinandersetzen musste. Und über diese

Auseinandersetzung habe ich verstanden, dass meine eigentliche Suche immer schon die Suche nach innerem Frieden war. Nur wer sucht, kann auch finden.

....

❤ *Was treibt dich an? Gibt es in deinem Leben einen Bereich, in dem du spürst, dass du hier vielleicht ein ungesundes Verhältnis aufgebaut hast? Versuche herauszufinden, welche unerfüllte Sehnsucht dahintersteckt. Spüre in dich hinein und frag dich: Welche Leere versuche ich hier gerade zu füllen? Schließe die Augen und versuche herauszufinden, welche Situationen und Menschen dich in deinen jungen Jahren umgeben und inwiefern sie dich beeinflusst haben.*

....

Heute darfst du entscheiden, was davon wirklich zu dir gehört oder was dir von außen auferlegt wurde und was du gerne ändern möchtest. Spürst du wie ich ein manchmal ungesundes Streben nach Erfolg? Dann frag dich, woher das kommt, und überleg dir für dich einen ausgewogenen, gesunden Zugang. Wie kann ein ausbalanciertes Leben aussehen, in dem du gleichzeitig ambitioniert deinen Zielen nachgehst, aber trotzdem gut für dich sorgst und dich um deine Bedürfnisse kümmerst? Fühlst du dich manchmal ganz allein auf der Welt und suchst du um jeden Preis Zugehörigkeit? Dann frag dich auch hier, woher das kommt und überleg dir für dich, was wirklich hinter dieser Suche nach Zugehörigkeit steckt. Welches Bedürfnis möchte eigentlich erfüllt werden? Und wie kannst du das umsetzen?

Und weißt du, manchmal sind Dinge auch einfach nur eine Frage der Perspektive. Für jede negative Sicht auf die Dinge gibt es einen positiven Gegenpol.

In meinem Fall sah das so aus:

❤ In meiner Heimatlosigkeit finde
   ich grenzenlose Freiheit.

❤ In meinem Gefühl der fehlenden
   Zugehörigkeit finde ich die Intention,
   mir einen Kreis aus Lieblingsmenschen
   zu erschaffen.

❤ In meinem ungesunden Streben
   nach Erfolg finde ich den Wunsch nach
   innerem Frieden.

KAPITEL 3

ÜBERTRAGENE SCHULD UND VERANT- WORTUNG

SCHWEIGEN

In meinem Schweigen,
wenn ich innerlich am lautesten bin,
höre ich mich deinen Namen rufen.

Wie ein Hilfeschrei melodisch,
zum Takt meines Herzens schlagend,
sehne ich mich nach deiner Umarmung,
mein Gesicht in deinen Augen
sich spiegelnd, lächelnd,
ihren Beschützer betrachtend.

Weißt du noch?
Die Zeit als du dachtest,
wir seien unsterblich.
Damals, als alles andere wichtiger war
für dich und ich
auf dich wartete,
hoffend, die Sterblichkeit
würde an deine Türe klopfen
und dich an mich erinnern.

DER TOD MEINES VATERS

Kurz vor Ende meines ersten Schuljahres in Deutschland erlebte ich ein weiteres bitteres Ende. Ein Ereignis, das mich und mein Leben schlagartig verändern und meine nächsten Jahre nachhaltig prägen sollte: den Tod meines Vaters.

Im Juni erlebte ich einen Tag wie im Bilderbuch. Ich war mit meiner Mutter und meinem Bruder im Wellenbad. Ich tobte im Wasser, denn ich war schon immer eine richtige Wasserratte.

Wir aßen Pommes und lagen zu dritt auf der Wiese, die übersät war von kleinen Gänseblümchen. Es roch nach Sommer und süßen Melonen. Das war nach langem mal wieder ein Tag, an dem auch mein Bruder mit uns und wirklich bei uns war. Ich war überglücklich, unbeschwert und fühlte mich lebendig.

Zudem hatten wir etwas zu feiern! Nach 2,5 Jahren bangen Wartens hatte mein Vater endlich das Visum erhalten und sollte in drei Monaten zu uns nach Deutschland nachreisen können. Ich freute mich so unfassbar über unser bevorstehendes Wiedersehen, denn unser Fortgehen und seine Sehnsucht nach uns hatten etwas in meinem Vater verändert. Das spürte ich. Wir telefonierten täglich! Er hatte sogar ein Buch für mich geschrieben, per Hand, mit lauter von ihm für mich erfundenen Geschichten und Parabeln. Er hatte das Buch mit einigen Spielsachen nach Deutschland geschickt. Ich freute mich über die Spielsachen. Aber dieses kleine orange Buch, in das er mit einem Füller Geschichten für mich hineingeschrieben hatte und das so wunderschön verziert war, war wie ein Goldschatz für mich. Ich erinnere mich heute noch daran, wie meine Augen zu leuchten begannen, als mir meine Mutter das Buch überreichte. Ich legte es auf mein kleines Nachtkästchen und wann immer ich es erblickte, strahlte ich über das ganze Gesicht. Ich nahm es sogar mit in die Schule und zeigte es stolz meinen Freundinnen. Ich konnte die Geschichten zwar ohne die Hilfe meiner Mutter nicht lesen, da sie in Schreibschrift geschrieben waren und mein Persisch dafür nicht ausreichte. Aber die Geschichten waren zu diesem Zeitpunkt gar nicht wichtig. Was zählte, war die Tatsache, dass mein Vater ein Buch für mich geschrieben hatte. Und das bedeutete mir die Welt. Endlich hatte er verstanden, glaubte ich.

Als ich klein war, hatte ich einen besten Freund im Iran. Er hieß Arash, war im gleichen Jahr geboren wie ich, und lebte nebenan. Da ich sehr oft zum Spielen bei ihm war, bemerkte ich bald, dass in seiner Familie einiges anders lief als bei uns. Am meisten fiel mir auf, wie viel Zeit sich Arashs Vater für ihn nahm. Er spielte mit uns. Er half seiner Mutter beim Kochen in der Küche. Er las uns oft aus Büchern vor und erklärte uns das Sternensystem und wie die Kontinente entstanden. Er half beim Aufräumen und blieb auch mal zuhause, damit seine Mama ausgehen konnte. All das kannte ich aus meiner Familie nicht. Bei uns kümmerte sich meine Mutter einfach um alles. Tief im Inneren wusste ich, dass sie sich oft mehr Unterstützung erhofft hatte. Es gab Streit, weil mein Vater sogar Geburtstage oder den Besuch von Familie und unseren Freundinnen und Freunden vergaß. Er half nie mit. Entweder war er in der Arbeit, oder mit seinen Freunden unterwegs. Ich hörte meine Mutter manchmal nachts weinen, wenn sie wieder einmal nicht wusste, wo er war. Eines Tages präsentierte mir mein Freund ein Spielzeug, das sein Vater für ihn gebaut hatte. Es bestand aus einem in Zick-Zack gespannten Draht auf einer Holzplatte, auf der auch eine Glühbirne befestigt war. Um die Metallschnur war ein weiterer kreisförmiger Bogen, an dem eine Halterung angebracht war. Man musste den Bogen von der einen Seite zur anderen bewegen, ohne den anderen Draht zu berühren. Berührte man ihn, blitzte es, die Lampe ging an und man hatte verloren. Wir liebten dieses Spiel. Zuhause angekommen, erzählte ich meiner Mutter unter Tränen von dem Spiel. Ich schluchzte förmlich in ihren Armen und beschwerte mich, dass mein Vater nie so etwas für mich bauen würde. Ich beschwerte mich, dass er nie da war, dass ich mich von ihm im Stich gelassen fühlte. Ich sagte, dass ich mir auch so einen Vater wie Arash wünschte. Einen Vater, der mich liebt. Ich ließ meinem Schmerz und meiner Trauer freien Lauf - ohne zu wissen, dass mein Vater ausgerechnet an diesem Tag früher nach Hause gekommen war und das gesamte Gespräch im Nebenzimmer mitgehört hatte. Meine Worte mussten ihn unheimlich verletzt haben. Denn als ich am nächsten Morgen aufwachte, stand exakt dasselbe Spielzeug auf meinem Nachttisch. Ich rannte damit zu meiner Mama in die Küche und schaute sie fragend an. Sie erzählte mir, dass mein Vater unser Gespräch mitbekommen hatte. Er sei extra zu den Nachbarn gegangen und habe sich das Spielzeug angeschaut, um es dann nachts nachzubauen. Am nächsten Morgen sei er ohne Schlaf zur Arbeit gefahren. Er wollte mir damit zeigen, dass er mich liebte. Mein Herz tanzte vor Glück. Am Abend spielte er sogar mit mir. Ich war im siebten Himmel. Diese war eine der wenigen Szenen, an die ich mich zurückerinnere, in denen mir mein Vater seine Liebe wirklich gezeigt hat, wirklich beweisen wollte.

Doch dieses selbstgeschriebene Buch fühlte sich anders an. Es war unser Neuanfang.

Ich war mir ganz sicher. Sobald er endlich in Deutschland sein würde, könnte ich wie andere Kinder auch Zeit mit meinem Vater verbringen. Zeit nachholen, Liebe nachholen. Nur noch drei Monate! Dieser starke und hoffnungsvolle Gedanke ließ mich auf der bunten Blumenwiese tanzen und mein Bruder und meine Mutter lachten herzlich. Ich drehte mich und drehte mich, bis mir so schwindelig war, dass ich auf sie drauf fiel.

Bei Einbruch der Dunkelheit machten wir uns allmählich auf den Nachhauseweg. Inzwischen waren wir aus der WG meiner Tante ausgezogen. Die Vermieterin hatte sich beschwert. Kurze Zeit mussten wir aufgrund des Asylgesetzes sogar in ein Lager, wogegen meine

Mutter mit Anwälten und sehr viel Geld vorging. Denn dieses Lager war mitten im Nirgendwo, auf einem Feld rund 200 Kilometer von München entfernt. Neben etwa 50 Männern und einer Familie mit Kindern waren meine Mutter und ich die einzigen beiden Frauen im Lager. Wir hatten einfach nur panische Angst dort, weil wir uns zwischen all den Männern, die genauso wenig wie wir verstanden hatten, warum man uns dorthin verfrachtete, extrem unwohl fühlten. Meine Mutter rief uns ein Taxi, was uns über 350 Mark gekostet hat, und wir blieben keine einzige Nacht. Viele Anwaltsschreiben später hatte man uns dann in eine Pension gepackt. Meine Mutter, mein pubertierender Bruder und ich teilten uns 18 Quadratmeter. Diese beklemmende Enge hätte sich vielleicht nicht ganz so erniedrigend angefühlt, wenn wir uns nicht eine eigene Wohnung hätten leisten können. Meine Mutter erklärte dem Sozialamt immer und immer wieder, dass wir keine Pension brauchten, dass wir genug Geld für ein eigenständiges Leben hatten. Immerhin hatte sie ihr gesamtes Hab und Gut verkauft und als Fernsehmoderatorin auch sehr gut Geld verdient, was alles auf ihrem Konto im Iran lag und uns mein Vater Monat für Monat mit sehr großen Verlusten, die durch die Umwandlung von Tooman in D-Mark entstanden, schickte.

Die Diskussion war aussichtslos. Wer sich im Asylverfahren befand, durfte weder arbeiten noch eine Wohnung mieten. Lieber sollten Geflüchtete in eine vom Staat, ergo von Steuergeldern, finanzierte, überteuerte Pension gehen. An dieser sinnbefreiten Tatsache hat sich übrigens bis heute nichts geändert. Daher werde ich oft wütend, wenn Menschen behaupten, Geflüchtete wären Schnorrer und lebten auf Kosten der Steuerzahlerinnen und Steuerzahler. Glaubt mir: Nach meiner Schätzung würden über 80 % aller geflüchteten Menschen sehr gerne sofort arbeiten, sich integrieren und selbst für ihr Leben aufkommen. Viele mussten unter würdelosen Umständen ihre Heimat und ihre geliebten Familien verlassen und wären froh, sich durch Arbeit von ihren schlimmen Erinnerungen und Erlebnissen ablenken zu können.

Wir kamen jedenfalls in eine Pension, untergebracht im linken Hochparterre. Wir hatten die letzte Einheit ganz außen und mit uns lebten sieben weitere Familien, die alle ebenfalls in nur einem Zimmer zusammengepfercht waren. Als wir nach unserem Ausflug im Wellenbad die Tür zu unserem Zimmer öffneten, saß meine jüngere Tante bereits in unserem Zimmer. Sie hatte einen Schlüssel, daher war das nicht besonders überraschend für mich. Sie sah allerdings sehr blass und mitgenommen aus. Sie bat meine Mutter, mit in die Küche zu kommen, die sich genau auf der anderen Seite des Korridors befand.

Mein Bruder und ich blieben auf dem Zimmer und packten unsere nassen Badesachen aus, alberten rum und ließen den schönen Tag Revue passieren, als ich plötzlich einen markerschütternden Schrei meiner Mutter hörte. Einen Schrei, der sich durch meine Ohren direkt in meinen Körper bohrte und mich noch viele Jahre nachts schweißgebadet aufschrecken ließ.

Wir rannten in die Küche, in der meine Mutter schluchzend auf dem Boden kauerte, festgehalten von meiner Tante. Sie saß da, als wäre ihre Welt zusammengebrochen, kraftlos und kreidebleich. Ihr Anblick erschütterte mich. Bisher kannte ich meine Mutter nur als starke, leuchtende Frau. Meine Tante erblickte mich, nahm mich an der Hand und zog mich hinaus auf den Spielplatz, der sich gegenüber unserer Pension befand. Sie erklärte mir, dass mein Vater krank sei und es sein könne, dass er sterben werde. Ich wusste sofort, dass sie mich anlog und mein Vater bereits tot war. Ich fühlte es einfach. Er war nicht mehr da. Ich löste mich aus ihren Armen und rannte los. Vollkommen ziellos irrte ich umher, als ob das Wegrennen die Tatsache, dass mein Vater gestorben ist, ungeschehen machen könnte.

Ich dachte, wenn ich nur schnell genug laufe, dann könnte ich noch zu ihm rennen und ihn retten. Dann könnte ich es schaffen, ihn wiederzusehen. Dann könnte ich den Zusammenbruch meiner Mutter ungeschehen machen. Ich erinnere mich nicht daran, wie lange und wohin ich gelaufen bin. Als ich aufwachte, lag ich im Schlafzimmer meiner älteren Tante. Scheinbar waren wir zu ihr und ihrem Mann in die Wohnung gegangen. Ich machte leise die Tür auf und ging in ganz kleinen Schritten auf das Wohnzimmer zu, in dem ich viele vertraute, aber auch fremde Stimmen vernahm.

Mein kleines Herz pochte und ich hoffte aus tiefstem Herzen, dass das alles nur ein Albtraum gewesen war. Doch als ich meine Mutter in schwarzen Kleidern erblickte und sah, dass ein Bild von meinem Vater auf dem großen Tisch stand und daneben viele Kerzen brannten, war mir schlagartig klar, dass dies kein Albtraum gewesen war, sondern brutale Realität.

Ungefähr zwanzig Leute waren in dem Raum versammelt, alle in Schwarz gekleidet und alle weinten und sprachen durcheinander. Mein Bruder saß hinter meiner Mutter auf dem Boden und war wie in Trance. Er hatte nur seine beiden Hände auf ihre Füße gelegt und starrte Löcher in die Luft. Ich kannte solche Szenen nur aus verblassten Erinnerungen, wenn wieder einmal jemand durch einen Bombenangriff oder im Krieg gestorben war und man der trauernden Familie einen Besuch abstattete. Als Kind wurde man dann mit den anderen Kindern in ein anderes Zimmer gebracht und spielte. Dennoch spürte man die Traurigkeit der Erwachsenen, auch wenn sie versuchten, sich vor uns Kindern nichts anmerken zu lassen. Ich stand dort eine Weile, unbeholfen, versuchte meine Gedanken und Emotionen zu ordnen und zu verstehen, was da gerade vor sich ging.

Dieses Mal war es meine ältere Tante, die mich erblickte. Ich hatte eine ganz besondere Beziehung zu ihr, denn genau wie ich schrieb sie Gedichte und pflegte großes Interesse an Kunst, Malerei und Literatur. Sie wischte ihre Tränen weg und steuerte geradewegs auf mich zu. Sie nahm mich in den Arm und ging mit mir zurück in ihr Schlafzimmer.

Sie sah perfekt aus, selbst in so einer schwierigen Situation. Sie war geschminkt und roch nach ihrem süßlichen Parfüm, an dem ich sie sogar mit geschlossenen Augen hätte erkennen können. Sie streichelte über meine Wangen, schaute mir tief in die Augen und sagte: „Mein süßes kleines Mädchen, du ahnst es sicher schon. Dein Vater ist gestorben. Er hatte einen Herzinfarkt. Sie konnten ihn leider nicht retten. Da du stärker als die anderen bist, musst du jetzt tapfer sein, nicht weinen und für deine Mama und deinen Bruder da sein."

BOOM! Rückblickend war das wohl der Moment in meinem Leben, ab dem ich mir Schwäche und Traurigkeit instinktiv und radikal verbot. Ich weinte nicht. Nur heimlich nachts, wenn alle anderen bereits tief schliefen.

Da wir nicht in den Iran einreisen durften, konnten wir auch nicht zur Beerdigung meines Vaters. Wir erhielten nur ein Bild von seinem Grab, per Post. Das war's. Ich sehnte mich so sehr nach meinem Vater. Ich versuchte immer und immer wieder, seine Stimme in mein Gedächtnis zu holen. Ich dachte, solange ich seine Stimme in meinem Gedächtnis noch wachrufen und hören kann, wäre er noch da. Mich an seine Stimme zu erinnern, gelang mir von Tag zu Tag schlechter, und irgendwie zerbrach mein kleines Herz daran. Warum wurde er mir genommen? Warum gerade jetzt? Wo er doch endlich Zeit mit mir verbringen wollte. Diese Fragen kreisten unaufhörlich in meinem Kopf und ich verfluchte die Ungerechtigkeit des Lebens. Tagsüber war ich tapfer, wie man es mir befohlen hatte. Ich lachte, war fröhlich und versuchte möglichst, ein perfektes kleines Mädchen zu sein oder vielmehr ein kleines Mädchen, das mit neun erwachsener war als jeder Erwachsene um mich herum. Ich fühlte nicht nur meinen Schmerz, sondern auch den Schmerz meiner Mutter und meines Bruders. Ich wünschte mir so sehr, dass ich zumindest ihr Leid mit meiner vorgespielten Fröhlichkeit lindern könnte.

Ich erinnere mich daran, wie ich manchmal heimlich vor dem Spiegel über dem Waschbecken stand und mich zwang zu lächeln. Ich übte mein Lächeln vehement ein, um es bei Bedarf schnell abrufen zu können. Doch so sehr ich auch meinem Gesicht ein Lächeln aufzuzwingen versuchte, die Traurigkeit in meinen Augen konnte ich einfach nicht verbergen. Das Leuchten war verschwunden. Mein Blick war leer geworden.

Da niemand von den Worten meiner Tante und meinem unfassbaren Willen, ihnen zu folgen, wusste, kam es für alle sehr überraschend, als ich mit 13 plötzlich kreisförmige Haarausfälle hatte und kaum mehr sprach und aß. Erst fielen ein paar Haare aus, was unbemerkt blieb. Doch es wurden mehr und mehr und eines Morgens schrie meine Mutter auf, als sie mir Brote für die Schule in die Hand drückte. Dieser walnussgroße Kreis auf der rechten Seite meines Kopfes war nicht mehr zu übersehen. Die Trauer suchte sich ihren ganz eigenen Weg. Steter Tropfen höhlt den Stein. Das fröhliche, bunte Mädchen wurde zunehmend melancholischer und leiser. Ich flüchtete mich in Tagträume, schrieb Gedichte, die ich versteckte, da sie so voller Verzweiflung und Traurigkeit waren. Ich baute unbemerkt Stein für Stein eine Mauer um mich auf. Als Schutz, aber auch als Strafe, denn wir hatten meinen Vater allein gelassen und wären wir da gewesen, hätte ich ihn sicher retten können. Da ich das nicht mehr konnte, sah ich es fortan als meine Aufgabe an, zumindest meine Mutter und meinen Bruder zu retten, denn der Schmerz hatte meine Mutter um

Jahre altern lassen und mein Bruder lebte seinen Schmerz in absoluter Destruktivität und Bockigkeit uns und vor allem meiner Mutter gegenüber aus. Er schwänzte die Schule, brach im Anschluss seine Lehre ab, ließ sich auf falsche Freunde ein. Je mehr er ihr dadurch Schmerzen zufügte, umso mehr hatte ich das Gefühl, ihren Schmerz lindern zu müssen.

Da mein Vater gestorben war, konnte er uns auch kein Geld mehr schicken und seine streng muslimische Familie, die er sein Leben lang nicht ausstehen konnte, verschaffte sich mit Schmiergeld und falschen Papieren Zugang zu den Konten meiner Mutter, die sie bis zum letzten Cent leerräumten. „Allah hat das so entschieden", sagte sein Bruder meiner aufgebrachten Mutter, als sie ihn nach tagelangen Versuchen endlich an den Hörer bekommen konnte. Seine Mutter, also meine Oma, hätte ihm das so aufgetragen. Schließlich hätten wir meinen Vater alleine gelassen. Und obwohl sie dafür gebetet hatte, dass uns hier in Deutschland etwas zustoße, damit wir in den Iran zurückkehren, hat Allah nun ihren geliebten Sohn genommen. Beziehungsweise hatte in ihrer Wahrnehmung der von uns verursachte Schmerz meinen Vater getötet. Vielleicht ist dies ein weiterer Grund, der zu meiner Ablehnung von Religionen und insbesondere dem Islam beiträgt.

Objektiv betrachtet weiß ich, dass das Urteil der Familie meines Vaters nichts mit dem Islam zu tun hat, sondern mit dem Intellekt und der Persönlichkeit der Menschen, die ihn falsch interpretieren und leben. Dennoch zucke ich nach wie vor emotional zusammen, wenn jemand Allah sagt, weil ich zu oft mit ansehen musste, wie ein Gott für die Verbrechen und Grausamkeiten von Menschen herhalten musste.

Sie wussten, dass wir nicht einreisen durften, denn meine Mutter stand auf der schwarzen Liste. Nicht nur weil sie geflüchtet war, sondern wegen ihres Engagements gegen das Regime während ihrer Zeit als Journalistin. Mit Mitte 30 stand meine Mutter also da, mit einem rebellischen Sohn, der nicht hören wollte, einer Tochter, die sich mehr und mehr in sich zurückzog, ohne Geld und eingebettet in ein System, das Integration zwar proklamiert, aber in keinster Weise fördert.

Sie kämpfte um ihre Arbeitserlaubnis und hatte dann zwei feste Jobs, um uns irgendwie über Wasser zu halten. Meine Mission stand somit fest: Ich werde erfolgreich und reich und gebe uns unser verlorenes Leben zurück. Aber dazu musste ich erstmal weiter zur Schule und wirklich erwachsen werden und mich nicht nur erwachsen oder verantwortlich fühlen.

An das Grab meines Vaters konnte ich erst 14 Jahre später. Zum ersten Mal kehrte ich in meine Heimat zurück. Ich war so aufgeregt und gleichzeitig hatte ich panische Angst. Was, wenn ich nicht wieder ausreisen konnte? Sobald wir am Flughafen in Teheran im Iran ankamen, ich mir wieder den Schleier umband und mein Haar bedeckte, waren sie da: die Erinnerungen an meine Schulzeit, aber vor allem an unsere Flucht und an all das, was wir verloren hatten. Bitterer Schmerz, vermischt mit süßer Freude. Ein Cocktail, der mir nicht sehr bekam. Überall sah ich meinen Vater. Natürlich war er es nicht. Da ich aber nie Abschied nehmen konnte, nie die Leiche oder das Grab sah, hoffte wohl ein kleiner Teil von mir immer noch. Was, wenn das alles nicht stimmte? Vielleicht ein Missverständnis oder eine Verwechslung, und mein Vater noch am Leben war?

Mein Verstand versuchte zwar, mein Herz von der Wahrheit zu überzeugen und auch die letzten Hoffnungen zu begraben, aber es gelang ihm nicht.

Wir wohnten bei meiner ältesten Tante und wollten vier Tage später nach Shiraz reisen - die Stadt, in der mein Vater geboren und auch begraben war. Wieder im Iran zu sein, löste unfassbar gemischte Gefühle in mir aus. Ich fühlte mich so verbunden mit all den Menschen, den Gerüchen, den Geräuschen. Und doch fühlte ich mich fremd. Die ganze Stadt hatte ein anderes Tempo, eine Dynamik, die ich als Kind anders wahrgenommen hatte. Sobald ich anfing zu sprechen, wurde ich gefragt, wo ich herkam. Ich hatte einen Akzent in meiner eigenen Muttersprache. Wieder war ich die Fremde. Ein Gefühl, das ich bestens kannte. Doch dass dieses Gefühl mich sogar in meiner Heimat einholen würde, überraschte mich auf eine schmerzliche Weise. Dass die Rückkehr und auch die anstehende Reise mich mitnahmen, machte sich in grausamen Magenschmerzen bemerkbar. Wochenlang litt ich an Krämpfen, die einen Tag vor der Abreise nach Shiraz unerträgliche Dimensionen angenommen haben. Ich spuckte unaufhörlich Blut und kam ins Krankenhaus. Es waren die schlimmsten Schmerzen, die ich jemals erlebt hatte. Es war, als ob mir jemand in den Bauch geschossen hätte. Dennoch wollte ich unbedingt an das Grab meines Vaters und ließ mich auf eigene Verantwortung entlassen. Das Krankenhaus machte auch keinen guten Eindruck auf mich. Neben mir lag eine psychisch kranke Frau, die auf irgendwelchen Drogen war. Sie schrie die ganze Zeit, beschimpfte das Personal und malte sich roten Lippenstift auf ihr gesamtes Gesicht. Dort wollte ich nicht bleiben. Ich ließ mir Schmerzmittel und Tabletten, die den Magen beruhigen, verschreiben. Kreidebleich und von Schmerzen gezeichnet, flogen meine Mutter, meine Tante und ich dann nach Shiraz. Im Flugzeug musste ich an meine Tante denken. Die, die mir auferlegt hatte, stark zu sein. Sie hatte mir damals versprochen, dass wir bald gemeinsam an das Grab meines Vaters fliegen würden, damit ich Abschied nehmen könnte. Aus ihrem Bald wurden nun vierzehn Jahre. Ihr Versprechen konnte sie aber so oder so nicht halten. Kurz vor meinem 18. Geburtstag schmiss sie sich betrunken vor eine S-Bahn in München und starb. Sie hielt das Leben in Deutschland nicht aus. Sie war ein reiches, glamouröses Leben im Iran gewöhnt und konnte sich mit dem Leben in einer Sozialwohnung hier nicht arrangieren. Ihr Tod war, als ob ein Stück meiner Seele abstarb. Über Jahre fand ich keinen Zugang mehr zu meiner Kreativität, denn das Gedichteschreiben war es, was uns am meisten verband. Ich erinnere mich so genau an den Moment, als mein Bruder in meiner Arbeit anrief und das Gespräch mit den Worten *Du musst jetzt stark sein* begann. Wieder musste ich also stark sein. Dieses Mal, um den selbstgewählten Tod meiner Seelenverwandten zu überstehen.

All die Tränen, die ich über die Jahre zurückhielt, fanden am Grab meines Vaters ihr Ventil. Ich weinte um ihn. Ich weinte um meine Tante. Aber vor allem weinte ich um der Trauer selbst willen. Denn all der aufgestaute Schmerz, all die Schicksalsschläge waren über die vielen Jahre zu einem prägenden Teil von mir geworden. Egal, wie oft ich nachts heimlich weinte, mein Leid verließ mich nicht mehr. Das Weinen machte es nicht wieder gut.

Es ließ mir lediglich kurze Momente des Durchatmens, bevor sich die Trauer wieder wie ein schwerer Mantel um meine Schultern legte. Neben die Trauer gesellte sich Wut. Ich war wütend auf meinen Vater. Wütend, weil er mich verlassen hatte. Wütend, weil er mich ignoriert hatte, als er die Möglichkeit gehabt hätte, bei mir zu sein. Wütend auf das Leben, das ihn mir genommen hatte. Wütend auf meine Tante, die mir befohlen hatte, stark zu sein. Wütend, dass sie sich das Leben genommen hatte. Ich war wütend und traurig und so vermischten sich die Tränen zu einem unaufhörlichen Wasserfall.

DAS ÜBERTRAGEN UND AUFLÖSEN VON SCHULD UND VERANTWORTUNG

U nbemerkt nehmen wir bereits von Geburt an unterschiedliche Rollen ein. Kommt beispielsweise ein Geschwisterchen zur Welt, gibt es fortan den großen Bruder oder die große Schwester. Allein durch die Geburtenfolge trägt unser Umfeld Erwartungen an uns heran. Das bedeutet nicht, dass Eltern nicht reflektiert und nicht achtsam wären oder sie sich ihrer Erwartungen nicht bewusst sind. Aber in jeder Gesellschaft gibt es inhärente Normen und Werte. Sich all derer bewusst zu sein, halte ich fast für unmöglich. Deshalb können auch Geschwister komplett unterschiedlich sein, auch wenn sie dieselben Eltern und dieselbe Erziehung genossen haben. Doch warum ist das so?

Natürlich spielt die Genetik[5] eine große Rolle, aber unser Verhalten und das Annehmen von Rollen wird von unserer Bewusstseinsstufe und dem Grad unserer Empathie bestimmt. Aus meiner Erfahrung haben Schicksalsschläge in jungen Jahren zwei wesentliche Konsequenzen. Betroffene gehen entweder ins Verdrängen, Ablehnen und Wegschieben, oder sie entwickeln Verhaltensauffälligkeiten.

In meiner Geschichte war es so, dass ich mir viel zu viel Verantwortung aufgeladen habe. Ich habe meine Bedürfnisse zurückgestellt in dem Glauben, andere retten zu müssen. In der Psychologie gibt es dafür den Begriff der Parentifizierung[6]. Das bedeutet, dass dem Kind von den Eltern bewusst oder unbewusst nicht-kindgerechte Aufgaben übertragen werden oder ein bestimmtes nicht-kindgerechtes Verhalten von ihm erwartet wird. Die Entwicklungsstörungen, die sich aus der Parentifizie-

---

5 „Die Kontroverse zwischen Erb- und Milieutheoretikern wird heute zunehmend von der Frage nach der Interaktion von Anlage und Umwelt abgelöst ..., die einseitigen Sichtweisen eines Neugeborenen als biologisch vorprogrammierten Platzhalter einerseits bzw. als 'Tabula rasa' andererseits treten in den Hintergrund." in Heilingsetzer, G. C.: Verortung und Identität: Wer bin ich ohne Heimat? S. 54
6 Dissertation, Hausser, Agnieszka Aleksandra: Die Parentifizierung von Kindern bei psychisch kranken und psychisch gesunden Eltern und die psychische Gesundheit der parentifizierten Kinder https://ediss.sub.uni-hamburg.de/bitstream/ediss/5171/1/Dissertation.pdf, zuletzt aufgerufen am 12.10.2023

rung ergeben, können bis ins Erwachsenenalter anhalten und sogar über Generationen weitergegeben werden.

Oft wird uns Verantwortung oder Schuld unbewusst übertragen. Ein einzelner Satz genügt. In meinem Fall war es der Satz meiner Tante. Du musst jetzt stark und für die anderen da sein. Mit diesem Satz lud sie mir eine Verantwortung auf, die ein kleines Mädchen niemals tragen kann. Meinem Bruder konnte sie nicht aufgetragen werden, denn seine Symptomatik zeigte sich in Ablehnung und in Identitätsproblemen. In meiner kindlichen Wahrnehmung blieb mir also nichts anderes übrig, als den Erwartungen zu entsprechen, die an mich herangetragen wurden. Heute weiß ich, kein Mensch hat das Recht dazu, einem neunjährigen Mädchen zu sagen, dass es stark sein muss. Ich nahm mir die Rolle, weil ich dachte, es sei meine Pflicht.

Gerade überaus pflichtbewusste Menschen kennen das: Wir laden uns mehr oder weniger ungebeten die Agenden anderer auf und beschweren uns im Nachhinein darüber. Falls du so ein Verhalten bei dir kennst, sei dir gewiss, eine Szene, ein diffuses Gefühl oder eine unausgesprochene Erwartung aus deiner Kindheit sind eine mögliche Ursache dafür. Eine Situation, in der du dich für die Rolle der Verantwortlichen entschieden hast. Höchstwahrscheinlich ungebeten, höchstwahrscheinlich unbemerkt. Damit du Schuld und Verantwortung besser verstehst, will ich sie dir ausführlicher erklären.

Übertragene Schuld und Verantwortung beziehen sich auf die Neigung, Schuld oder Verantwortung für bestimmte Ereignisse, Handlungen oder Entscheidungen auf andere Personen oder Umstände zu übertragen, anstatt sie selbst zu übernehmen. Den Begriff der Parentifizierung habe ich eben schon erklärt. Dieses Verhalten kann aus verschiedenen psychologischen, sozialen und emotionalen Faktoren entstehen bzw. begünstigt werden.

1. **Abwehrmechanismen**
    Übertragene Schuld und Verantwortung können als Abwehrmechanismen dienen, um negative Emotionen wie Schuldgefühle oder Angst zu reduzieren. Indem die Verantwortung auf andere

geschoben wird, kann eine Person versuchen, sich selbst von unangenehmen Gefühlen zu befreien. Da meine Tante selbst nicht in der Lage war, stark zu sein, lud sie mir diese Aufgabe auf. Sie war emotional labil. Sie trank nach der Auswanderung nach Deutschland sehr viel, weil sie ihr Leben in Wohlstand hier nicht weiterführen konnte. Letztendlich kam sie mit dem neuen Leben nie wirklich klar. Kurz vor meinem 18. Geburtstag schmiss sie sich betrunken vor eine S-Bahn und starb. Ihre Schwäche war also der Grund, von mir ein nicht-kindgerechtes und mich massiv überforderndes Verhalten zu erwarten, das ich wie ein Kreuz jahrelang trug.

✳ *Mein Glaubenssatz heute lautet:* **Ich darf mich von übertragener Verantwortung lösen.**

Dein Glaubenssatz:

....

....

....

....

2. **Selbstschutz**

Manchmal übertragen Menschen Schuld oder Verantwortung, um ihr eigenes Selbstbild zu schützen. Sie möchten sich selbst als fehlerfrei oder unschuldig darstellen, um ihr Selbstwertgefühl zu bewahren. Würden sie bewusst Verantwortung übernehmen und scheitern, würde das Konsequenzen haben, die sie wahrscheinlich emotional nicht unberührt lassen würden.

✳ *Mein Glaubenssatz heute lautet:* **Ich darf die mir übertragene Verantwortung von mir weisen.**

Dein Glaubenssatz:

....

....

....

....

3. **Sozialer Druck**

Gesellschaftliche Normen und Erwartungen können dazu führen, dass Menschen die Schuld oder Verantwortung auf sich nehmen, um vorgelebten Strukturen gerecht zu werden. Wir glauben, dies tun zu müssen, weil eine gewisse Prägung vorhanden ist.

✳ *Mein Glaubenssatz heute lautet: **Ich darf meine Prägungen auflösen und meine eigenen Werte definieren.***

Dein Glaubenssatz:

....

....

....

....

4. **Fehlende Fähigkeit zur Selbstreflexion**

Ein Mangel an Fähigkeit zur Selbstreflexion oder zur kritischen Bewertung der eigenen Handlungen kann dazu führen, dass Menschen Schwierigkeiten haben, ihre eigenen Fehler oder Verantwortlichkeiten anzuerkennen bzw. ihre Handlungen im Vorfeld zu überdenken.

✳ *Mein Glaubenssatz heute lautet: **Ich sehe die Schwierigkeiten anderer Menschen und erkenne herausfordernde Lebenssituationen an. Gleichzeitig bin ich nicht für das Lösen von Problemen anderer zuständig.***

Dein Glaubenssatz:

....

....

....

....

5. **Opfermentalität**

Menschen könnten sich als Opfer von Umständen sehen und glauben, dass sie keine Kontrolle über ihre Handlungen oder Entscheidungen haben. Dies kann dazu führen, dass sie die Schuld auf äußere Faktoren schieben und keine Verantwortung übernehmen.

✳ *Mein Glaubenssatz heute lautet:* **Ich darf ein Leben voller Liebe und Dankbarkeit kreieren und bin nur für meinen eigenen Heilungsweg verantwortlich.**

Dein Glaubenssatz:

....
....
....
....

6. Mangel an Verantwortungsbewusstsein

Ein genereller Mangel an Verantwortungsbewusstsein oder die Unfähigkeit, die Konsequenzen der eigenen Handlungen zu erkennen, kann dazu führen, dass Menschen die Verantwortung auf andere übertragen oder Lebensumstände für ihre Situation verantwortlich machen. Die Ironie ist, dass gerade solche Menschen glauben, wahnsinnig viel Verantwortung zu tragen. Ich habe mir die Rolle der Verantwortlichen für meine Familie auferlegt. Was ich aber damit abgegeben habe, ist meine Kindheit, meine Unbeschwertheit. Ich gab meinen Lebensumständen die Schuld für meine Lage und mein nicht unbeschwertes Leben, anstatt mein eigenes Verhalten zu verändern. Als Kind kannte ich keinen anderen Weg, damit umzugehen. Als Erwachsene kann ich aber meine Emotionen und mein Verhalten verändern.

✳ *Mein Glaubenssatz heute lautet:* **Ich darf jederzeit meine Rolle in meiner Familie ändern.**

Dein Glaubenssatz:

....
....
....
....

7. **Soziale Dynamiken**

In Gruppen oder sozialen Situationen können Menschen dazu neigen, Verantwortung auf andere zu übertragen, um sich anzupassen oder um sozialen Spannungen zu entgehen.

✴ *Mein Glaubenssatz heute lautet: Ich erkenne soziale Dynamiken, bin aber nicht für deren Auflösung zuständig. Ich darf Nein sagen.*

Dein Glaubenssatz:

....

....

....

....

8. **Fehlende Kommunikation**

Ein Mangel an effektiven Kommunikations- und Konfliktlösungsfähigkeiten kann dazu führen, dass Menschen Schuld oder Verantwortung auf andere übertragen, anstatt sich mit den Problemen selbst auseinanderzusetzen. Gleichermaßen passiert es, dass Menschen, die die Verantwortung oder Schuld übertragen bekommen, sich von dieser nicht distanzieren oder in Gesprächen aufzulösen versuchen.

✴ *Mein Glaubenssatz heute lautet: Ich akzeptiere, was in meinem Leben noch nicht gut läuft, und setze mich mit meinen Themen in der Tiefe auseinander. Heilung beginnt bei mir.*

Dein Glaubenssatz:

....

....

....

....

Schuld und Verantwortung werden uns von anderen oft unbewusst übertragen. In zwischenmenschlichen Beziehungen ist es jedoch wichtig, für die eigenen Handlungen und Entscheidungen Verantwortung zu übernehmen und konstruktive Wege zu finden, um mit Fehlern und Konsequenzen umzugehen.

Was wir erkennen dürfen, ist, dass es einen riesigen Unterschied darin gibt, anderen seine Hilfe anzubieten und Verantwortung für das Leben anderer zu übernehmen. Und weil das so wichtig zu verstehen ist, sag ich es nochmal: Du bist nicht für das Leben, für die Entscheidungen, für die Handlungen anderer Menschen verantwortlich. Auch dann nicht, wenn du deine Hilfe anbietest. Ich möchte das auf ein konkretes Beispiel für dich herunterbrechen: Deine Nachbarin ist erkrankt. Es fällt ihr schwer, ihr Kind zu betreuen. Du bietest deine Hilfe an, in diesem Fall Zeit und Kinderbetreuung, weil du gerne helfen möchtest - und zwar von dir aus. Es ist dein Wunsch. Das bedeutet aber nicht, dass du in irgendeiner Form Verantwortung für die Heilung deiner Nachbarin übernimmst. Nur sie alleine ist gemeinsam mit ihren Ärztinnen und Ärzten verantwortlich für ihre Gesundheit.

Ich neige dazu, oft ungefragt meine Hilfe anzubieten, weil ich das Gefühl habe, die Welt retten zu müssen. Seit ich den Ursprung dieses Verhaltens kenne, hinterfrage ich meine Motivation und handle erst, wenn ich die Situation analysiert habe. Häufig steht hinter einer übermäßigen Hilfsbereitschaft der Glaubenssatz bzw. der tiefe Wunsch, geliebt zu werden. Bitte versteh mich nicht falsch. Verantwortung für andere zu übernehmen, ist wichtig und ein wesentlicher Bestandteil sozial orientierter Gesellschaften. Das Verhältnis ist nur wichtig. Stell die Bedürfnisse anderer niemals über deine eigenen, denn das kann mitunter dazu führen, dass du eines Tages leer, ausgebrannt und erschöpft bist.

An dieser Stelle gebe ich dir noch eine kleine Übung mit an die Hand: Beobachte dich und dein Verhalten. Gehörst du zu den Menschen, die sofort in den Ring springen, wenn es um Aufgaben, Verantwortung oder das Lösen von Problemen geht? Oder gehörst du zu denen, die sich ducken und am liebsten unsichtbar wären? Beide Verhaltensweisen sind in übertriebener Form ungesund und Resultat eines sich wiederholenden Musters deiner Kindheit.

Stelle dir diese eine Frage: Wann in meinem Leben übernehme ich selbstgewählt und bewusst Verantwortung für mich und meine Lebensumstände und wann übernehme ich Verantwortung aus einer Art innerem Zwang heraus, nicht selbstgewählt, teils unbewusst, und für andere anstatt für mich?

♥ *Sobald wir damit beginnen, Verantwortung für unser eigenes Leben, unsere Gesundheit und unsere Beziehungen zu übernehmen, tun wir bereits alles, was uns möglich ist.*

Mehr ist nicht zu tun. Punkt.

KAPITEL 4

SELBSTZWEIFEL UND SELBSTWERT

LEUCHTTURM

*Wenn die Stürme meiner Zweifel
über mich einbrechen,
wie hohe Wellen
ohne Erbarmen.*

*Wenn die Ebbe vorbei ist
und die Flut sich
nach vorne schlängelt,
an das Ufer meiner Angst,
sehnsüchtig erwartet
von meinen alten Dämonen.*

*Wenn ich einfach nur rennen will
umher irrend, in der schwarzen Nacht,
vergeblich nach dem Weg suchend.*

*Stehst du da,
wie ein Leuchtturm
mir den Weg weisend,
Licht in mein Dunkel bringend,
Hoffnung spendend,
mein verwirrtes Herz
mit Liebe füllend.*

Saina B.

WIE DEUTSCH ZU MEINEM LIEBLINGSFACH WURDE

Zu meinem großen Glück begegneten mir in meiner Schulzeit nicht nur schlechte Lehrerinnen und Lehrer wie Frau Koch, oder später ihr Abbild in Form meiner Lateinlehrerin auf dem Gymnasium, deren Namen ich wohl verdrängt habe. Zwischendrin gab es auch gute. Solche, die kleine Funken sprühten und mein dunkles Gemüt erhellten. Die, die einem das Gefühl gaben, doch nicht blöd, falsch oder nicht gut genug zu sein.

Es war bereits gegen Ende meiner Schullaufbahn, da bekam unsere Klasse eine neue Deutschlehrerin. Sie hieß Vesna Ulrich. Sie war Mitte 30, sportlich, hatte braune Haare und eine sehr sympathische Art. Aus heutiger Sicht würde ich sie als zufrieden und authentisch bezeichnen. Bisher hatte ich immer eine Fünf in Deutsch, schließlich war es nicht meine Muttersprache und wie mir Frau Koch und später auch einige andere Lehrer teils bewusst, teils unbewusst vermittelt hatten, war die Möglichkeit, als Ausländerin in Deutsch gut zu sein, in ihrer Welt nicht vorhanden. Und das übertrug sich somit auch auf meine Welt. Frau Ulrich sah das anders. Sie forderte mich auf, mehr Selbstvertrauen zu entwickeln, denn meine Ausdrucksweise in Texten sei wunderbar, ich solle nur auf Rechtschreibung und Kommas achten. Aus der Fünf wurde zunächst eine Vier und aus der Vier dann eine Drei. Wow. In der zehnten Klasse wurde ich plötzlich zu einer richtig guten Schülerin in Deutsch. Wer hätte das jemals für möglich gehalten? Ich schrieb zwar von Klein auf Gedichte. Wobei, das stimmt so nicht ganz: Eigentlich diktierte ich sogar schon Gedichte, bevor ich richtig schreiben konnte, denn ich hatte das Bedürfnis, meine Gefühle auf Papier bringen zu wollen. Da ich noch nicht schreiben konnte, ging ich mit fünf Jahren mit Block und Stift zu meiner Mutter und bat sie, für mich etwas aufzuschreiben, was ich ihr diktieren würde. Ich erinnere mich ehrlich gesagt nicht an solche Momente, aber meine Mutter hat dieses aufgesagte Gedicht, das sie für mich niederschreiben musste, aufgehoben und gab es mir vor einigen Jahren. Das Gedicht handelte von einer Blume, die ich Frau Blume nannte und die von einem Ast in den Fluss gefallen war und nun fortgetrieben wurde. Vielleicht war das Gedicht bereits eine Vorahnung auf meine Entwurzelung, die später folgte.

Ich baute ein sehr enges Verhältnis zu Frau Ulrich auf und so nahm ich irgendwann meinen Mut zusammen und erzählte ihr, dass ich Gedichte schreibe. Sie war ganz begeistert und wollte unbedingt eines lesen. Für mich war das, als würde ich mich ihr nackt zeigen, denn meine Gedichte waren der Spiegel meiner Seele und ich ließ sie kaum jemanden lesen. Ich brachte ihr eines und sie war so begeistert, dass sie mich fragte, ob sie es einschicken dürfe. Das Magazin des Literaturhauses veröffentlichte immer wieder mal besondere Gedichte und sie sei sicher, sie würden meines genauso gut finden wie sie. In der Überzeugung, dass das niemals passieren würde, willigte ich ein. Einige Wochen später wurde ich eines Besseren belehrt. Mein Gedicht wurde gedruckt. Mein Name im Magazin des Literaturhauses, das meine Zeilen wohl für würdig genug hielt, um sie in die Zeitung zu bringen.

VERTRAUENSBRUCH

Meine Ohren tranken deine Worte
wie süßen Wein.
Du sprachst, als wolltest du
den Richter um Milde bitten,
den Rächer um Gnade anflehen.
Warum soll ich dir jetzt noch
Glauben schenken?
Auch blutbesudelte Westen
kann man reinwaschen.
Und nichts ist schmerzhafter,
als die Erkenntnis,
dass rote Rosen Dornen tragen.

Ich rannte stolz zu meiner Mutter, die vor Freude zu weinen begann.

Diese Aktion meiner Lehrerin wandelte etwas in mir. Die Art, wie sie mich sah, entfachte einen Funken in mir. Ein kleines Leuchten, das sich leise versuchte, seinen Weg durch die Dunkelheit zu bahnen. Plötzlich nahm Deutsch einen ganz anderen Stellenwert in meinem Leben ein. Ich erkannte mein Potential.

Aber nicht nur das, ich erkannte meine Leidenschaft und hatte jemanden gefunden, mit dem ich meine Begeisterung für Sprache teilen konnte. Später wählte ich Deutsch als Leistungskurs. An der Uni studierte ich neben Anglistik und Markt- und Werbepsychologie auch Germanistik und schloss mein Studium als Literatur- und Sprachwissenschaftlerin mit einem Magister Atrium ab.

Frau Ulrich hatte mir ein Stück Selbstvertrauen zurückgegeben, was auch meinen Selbstwert förderte bzw. mich mein Potential überhaupt erst erkennen ließ. Auch heute noch bin ich ihr unendlich dankbar für ihren Glauben an meine Fähigkeiten. Ich hielt jahrelang Kontakt zu ihr. Sie war die Erste, der ich mein erstes Buch überreichte. Ein Verlag wurde auf meine Magisterarbeit aufmerksam und bot mir an, es zu drucken. Ein Fachbuch, das in 16 Sprachen übersetzt wurde. Ich war mächtig stolz, denn mein Professor hatte diese Arbeit nur mit einer 3- bewertet. Er mochte mich nicht sonderlich. Er war einer dieser männlichen Professoren, die ganz viel Aufmerksamkeit von Studentinnen brauchten. Die gab ich ihm nicht. Erstens weil ich ihn und seine Art eklig fand und zweitens, weil ich keine Zeit für Schleimereien und das Aufpolieren seines Egos hatte. Nächtelang in irgendwelchen Bars sitzen und ihm Honig ums Maul schmieren, wie es viele andere Kommilitoninnen taten? Nein, danke. Ich hatte zwei Jobs, um mir mein Studium und meinen Lebensunterhalt zu finanzieren. Meine Deutschlehrerin meinte, ich sollte gegen die Note vorgehen, denn die Arbeit sei wirklich gut, aber ich war einfach nur froh, dass ich mein Studium beenden konnte. Ich brauchte seine Anerkennung nicht, denn ich kannte meinen Wert und war schließlich davon überzeugt, dass meine Arbeit gut war. Ich ging somit nicht gegen die Note vor, aber dafür erhielt er später auch ein Exemplar von meinem Buch, mit einem gelben Post-it vorne drauf, auf dem Stand *War wohl doch nicht so schlecht* und einer liebevoll gezeichneten Hand, die den Mittelfinger ausstreckte. Natürlich schickte ich das Paket anonym. Ich überlegte sogar kurz, auch Frau Koch ein Exemplar zu schicken, aber dann wurde mir bewusst, dass sie wahrscheinlich gar nicht mehr am Leben war.

Ein einzelner Mensch und eine einzelne Tat können unseren weiteren Weg richtungsweisend bestimmen. Positiv, wie auch negativ. Wäre mir meine neue Lehrerin nicht begegnet, hätte ich an meinem Glaubenssatz *Ich bin schlecht in Deutsch* festgehalten. Ich hätte ihn vermutlich niemals hinterfragt. Hätte niemals Germanistik studiert, an meinen Gedichten weitergeschrieben und etliche davon veröffentlicht. Ich hätte womöglich niemals damit begonnen, Bücher zu schreiben. Und du würdest auch dieses hier heute nicht in deinen Händen halten. Ich wäre wohl weiterhin verunsichert, voller Selbstzweifel und ohne jegliche Ahnung, wie mein weiterer Weg verlaufen wäre.

Mit ihrer liebevollen Bestärkung und ihrem Glauben an mich hat mir Frau Ulrich meinen eigenen Glauben an mich zurückgegeben. In meinen Augen ist das eines der kostbarsten Geschenke, das du einem Menschen machen kannst. Auch ich versuche immer, das Leben anderer positiv zu beeinflussen, andere zu motivieren, an sich zu glauben, nicht aufzugeben, weiterzumachen. Ich weiß, wie wichtig Motivation und Bestärkung sind, denn manchmal brauchen wir diese Bestätigung oder diesen Schubser von außen.

Manchmal fühlen wir uns leer und verloren und es ist schwer, alleine da wieder herauszufinden. Oft ist es wirklich nur ein Satz, ein Wort, eine Geste und in uns keimt sie auf, die Hoffnung. Dieser kleine Funke, der so wichtig ist und der ein ganzes Feuer entfachen kann.

WARUM FRAUEN OFT AN SICH ZWEIFELN UND IHREN SELBSTWERT NICHT ERKENNEN

Gerade wir Frauen hadern viel zu oft mit unserem Selbstwert, was augenscheinlich kein Wunder ist, denn Frauen haben auch 2023 nicht dieselben Rechte und denselben Wert wie Männer. Neben der Erziehung und kulturell bedingten Prägungen sind auch gesellschaftliche, politische und religiöse Systeme in so gut wie allen Teilen dieser Welt nach wie vor zum Nachteil von Frauen ausgelegt. Nur wenige Länder haben in verschiedenen Bereichen signifikante Fortschritte in Bezug auf die Förderung von Frauenrechten und Geschlechtergleichstellung gemacht. Dazu gehören Länder wie Norwegen, Schweden, Island, Finnland und Dänemark.

Mir ist es wichtig, einige Fakten zu nennen, damit gerade wir Frauen verstehen, wo unser Mangel an Selbstwert und Selbstvertrauen herrührt, denn er ist geschichtlich verursacht worden. Anbei zeige ich euch die Entwicklung der Frauenbewegung von der Antike bis heute auf.

1. **Antike und Mittelalter:** In vielen antiken Gesellschaften und Kulturen wurden Frauen oft auf traditionelle Rollen und Aufgaben beschränkt, insbesondere im häuslichen und familiären Bereich. Sie hatten begrenzten Zugang zur Bildung und politischen Entscheidungsprozessen.

2. **Aufklärung und 19. Jahrhundert:** Die Aufklärung und die Ideale der Französischen Revolution brachten Diskussionen über Menschenrechte und Gleichheit hervor, was zu ersten Ansätzen für Frauenrechte führte. Im 19. Jahrhundert begannen Frauen in vielen Ländern, für das Wahlrecht und Bildungschancen zu kämpfen.

3. **Spätes 19. und frühes 20. Jahrhundert:** Die Frauenbewegung gewann an Stärke und führte zu wichtigen Meilensteinen wie

dem ersten internationalen Frauentag (1911) und der Einführung des Frauenwahlrechts in einigen Ländern, darunter Neuseeland (1893) und Großbritannien (1918).

4. **Zwischenkriegszeit:** Nach dem Ersten Weltkrieg erlangten Frauen in vielen Ländern das Wahlrecht. Die Zeit zwischen den Weltkriegen brachte eine wachsende Bewegung für Frauenrechte, Frauenarbeit und Bildung hervor.

5. **Zweite Welle der Frauenbewegung (1960er – 1980er Jahre):** Diese Phase war geprägt von Kämpfen für reproduktive Rechte, Gleichberechtigung am Arbeitsplatz, sexuelle Befreiung und die Förderung von Frauen in politischen Ämtern.

6. **Aktuelle Zeit:** Die Frauenrechtsbewegung setzt sich weiterhin für Gleichstellung, geschlechtsspezifische Gewaltbekämpfung, Frauen in Führungspositionen, Lohngleichheit und Bildungschancen ein. Es gab Fortschritte in vielen Ländern, aber es bleiben noch Herausforderungen und Ungleichheiten zu überwinden.

Es gibt viele Bereiche, in denen Frauen im Vergleich zu Männern immer noch nicht gleichberechtigt sind[7]. Hier sind einige Fakten, die diese Ungleichheiten verdeutlichen:

- **Arbeitsplatz und Einkommen:**
  - Frauen verdienen weltweit durchschnittlich weniger als Männer für vergleichbare Arbeit.
  - Frauen sind in vielen Fällen unterrepräsentiert in Führungspositionen und Top-Management-Ebenen.
  - Lohnungleichheit und geschlechtsspezifische Arbeitsplatzdiskriminierung sind weit verbreitet.

---

7 Alexander, Katharina: In diesen sechs Ländern sind Männer und Frauen vor dem Gesetz gleichberechtigt, Zeit online, 2019 https://www.zeit.de/zett/politik/2019-02/in-diesen-sechs-laendern-sind-maenner-und-frauen-vor-dem-gesetz-gleichberechtigt?utm_referrer=https%3A%2F%2Fwww.google.com#:~:text=Laut%20dem%20Ranking%20der%20Weltbank,%2C%20mit%2091%2C8%20Punkten. zuletzt aufgerufen am 12.10.2023

- **Bildung:**
  - In einigen Ländern haben Mädchen immer noch begrenzten Zugang zu Bildung und werden oft frühzeitig von der Schule genommen.
  - Frauen sind in wissenschaftlichen, technischen, technologischen und mathematischen Bereichen (STEM) unterrepräsentiert.

- **Politische Teilhabe:**
  - Frauen sind weltweit in politischen Entscheidungsgremien und Regierungspositionen unterrepräsentiert.
  - Frauen haben oft weniger Einfluss auf politische Prozesse und Entscheidungen.

- **Gesundheitswesen:**
  - In einigen Regionen haben Frauen eingeschränkten Zugang zur Gesundheitsversorgung, insbesondere in Bezug auf reproduktive Gesundheit und Familienplanung.
  - Gewalt gegen Frauen, einschließlich häuslicher Gewalt und sexueller Belästigung, ist weit verbreitet.

- **Reproduktive Rechte:**
  - Frauen haben nicht immer die Kontrolle über ihre reproduktiven Entscheidungen und den Zugang zu Verhütungsmitteln und sicheren Schwangerschaftsabbrüchen.
  - In einigen Ländern haben Frauen begrenzten Zugang zur Gesundheitsversorgung während der Schwangerschaft und der Geburt.

- **Rechtssystem:**
  - Frauen sind häufiger von geschlechtsspezifischer Gewalt betroffen und haben in vielen Fällen weniger Zugang zur Justiz und zu Rechtsmitteln.

- **Häusliche Verantwortlichkeiten:**
  - Frauen übernehmen oft einen Großteil der unbezahlten Haus- und Familienarbeit, was ihre Möglichkeiten für Bildung und Erwerbstätigkeit beeinträchtigen kann.

- **Medien und Darstellung:**
  - Frauen sind in den Medien oft stereotyp dargestellt und haben weniger Sichtbarkeit in leitenden Medienpositionen.

- **Kulturelle und religiöse Praktiken:**
  - Traditionelle Normen und Praktiken können die Gleichstellung der Geschlechter behindern und Frauen in untergeordnete Rollen zwingen.

- **Gesetzgebung und Diskriminierung:**
  - In einigen Ländern gibt es immer noch diskriminierende Gesetze und Vorschriften, die Frauen in verschiedenen Bereichen benachteiligen.

Diese Liste ist bei weitem nicht vollständig und es gibt noch viele weitere Bereiche, in denen Frauen nach wie vor nicht gleichberechtigt sind. Die Arbeit für Geschlechtergleichstellung und Frauenrechte ist eine fortlaufende Herausforderung auf globaler Ebene und die Mission meines Lebens.

Ich zähle aber diese Fakten nicht auf, damit wir uns alle eine Runde selbst bemitleiden und uns als Opfer sehen. Nein, ich führe sie auf, damit du erkennst, wo der Selbstzweifel, den du mit Sicherheit auch in einigen Bereichen deines Lebens mit dir herumträgst, seinen Ursprung hat.

Ohne Mann waren und sind wir in vielen Ländern heute immer noch nichts wert. Wie verwunderlich ist es dann, dass wir Frauen gelernt haben, an uns zu zweifeln und unseren Wert nicht zu erkennen. Aus meiner Sicht hatten und haben wir nicht einmal die gleichen Rechte, was dazu führt, dass wir tief in uns bewusst und noch viel mehr unbewusst einen Mangel verankert haben, der von Generation zu Generation weitergegeben wird. Ich will damit nicht sagen, dass Männer kein Mangeldenken oder keine Selbstzweifel haben, denn mit Sicherheit haben sie die auch. Ich will nur sagen, dass die Bedingungen für uns Frauen, Selbstvertrauen und Selbstwert zu entwickeln, seit jeher schwieriger waren und heute zu einem großen Teil immer noch sind. Mit diesem

Wissen können wir ganz bewusst die Umkehrung und Auflösung dieses vererbten Mangels angehen. Wenn du auch spürst, dass Mangeldenken immer wieder Oberhand gewinnt und es dir schwerfällt, dem Leben zu vertrauen, teile ich hier eine Affirmation mit dir, die ich mir selbst seit einigen Jahren wie ein Mantra immer und immer wieder aufsage.

Ich bin wertvoll.

Ich bin geliebt.

Mein Körper ist gesund.

Mit jedem Atemzug heile ich mehr und mehr.

Ich lebe in Wohlstand und Fülle.

Ich vertraue mir und dem Universum.

Ich gestalte mein Leben, wie es mir gefällt.

Ich kann alles sein und alles erreichen.

Vielleicht hattest du das Glück, in einem Land geboren zu sein und aufzuwachsen, in dem Frauen und Männer (zumindest auf dem Papier) gleichberechtigt sind. Vielleicht bist du noch jung und in einer Zeit geboren, in der der Kampf um die Frauenrechte schon ein Stück weiter war. Dennoch wirst auch du noch Reste von geschlechtsspezifischen Prägungen und Mangeldenken in dir tragen. Alle Frauen dieser Welt teilen seit Jahrhunderten als Kollektiv dieses Gedankengut mit dir. Es ist an der Zeit, diesen Mangel zu beheben.

Es ist an der Zeit zu erkennen, dass wir gut sind, gut genug, um alles zu erreichen, was wir möchten. Wir sind nicht das schwache Geschlecht. Wir sind stark und mutig. Wir schenken Leben, wir erhalten alles am Leben. Wir jonglieren viele Bälle gleichzeitig und jammern nicht beim kleinsten Schnupfen, als müssten wir sterben (wobei so eine Männergrippe ja echt schlimm ist hahaha). Jede einzelne für sich darf endlich verstehen, wie wunderbar sie ist. Jede einzelne für sich darf strahlen, damit wir alle zusammen ein Leuchtfeuer sein können.

KAPITEL 5

MANGEL- DENKEN UND NEID

BLIND

In der Abgeschiedenheit
meiner Gedanken,
als das Gefühl die Führung übernahm,
flackerte dieses zarte Licht der Einsicht
zu einem mächtigen Feuer auf.

Ängste hinter brüchigen Masken
der Eitelkeit hervorkriechend,
verschwanden, wie das Lachen
des traurigen Clowns,
der nach der Vorführung auf dem Jahrmarkt
seine Schminke abwischte.

Jetzt wo ich auf dem Dach
meiner Erkenntnisse stehe,
wissend über mein Leben schauend,
begreife ich, wie ein Sehender blind
und ein Blinder sehend sein kann.

Saina B.

PLÖTZLICH UNTERNEHMERIN

Ich fing schon mit 15 an zu arbeiten. Neben der Schule, kleine Aushilfsjobs. Als ich volljährig war, jobbte ich in Boutiquen, gab Nachhilfe und arbeitete in einem Callcenter. Ich liebte das schöne Leben und wollte meiner Mutter nicht zur Last fallen, wenn ich mehrmals pro Woche ins Kino, zum Essen oder Shoppen gehen wollte. Ich weiß, dass die Tatsache, dass ich so jung schon zu arbeiten begann, für meine Mutter sehr schwer war. Denn ihr Ziel war es, mir ein freies und unbeschwertes Leben zu ermöglichen. Mit dem Wegfall ihres Zugriffs auf unsere Konten im Iran war dies leider nicht mehr möglich. Auch sie hatte mehrere Jobs. Sie kam oft weinend nach Hause, weil sie wieder mal aufgrund ihrer Herkunft und ihrem gebrochenen Deutsch blöd angemacht wurde. Doch sie wischte sich immer schnell ihre Tränen weg und ließ sich nichts anmerken. Eines Abends kam sie wieder weinend nach Hause. Ich saß am Küchentisch und beobachtete, wie sie müde und trostlos das Abendessen zubereitete. Ich wollte sie gerne trösten, aber mir kamen keine Worte über die Lippen. Sie schnitt Paprika für den Salat und sinnierte vor sich hin. Ohne ihren Kopf dabei in meine Richtung zu drehen, sagte sie trocken, dass sie hier für Menschen arbeiten und sie als Chef betiteln muss, die sie im Iran nicht mal als ihre Putzfrau eingestellt hätte. Sie seufzte und gab sich fast ergebend ihren Gedanken hin, dass das Leben uns nun mal vor Herausforderungen stelle und es an uns liege, ob wir sie mit Würde und Hoffnung annehmen, oder ob wir daran zerbrechen. Meine Mutter entschied sich für Würde und Hoffnung. Sie gab nicht auf. Niemals, egal wie schwer es war und egal wie hart das Leben zuschlug. Ich glaube, ich zerbrach oft innerlich. Nach außen hin fast unbemerkt, wie winzige Spuren und Risse nach kleinen Beben, deren Auswirkungen sehr lange unbemerkt bleiben. Doch irgendwann ist die Anzahl dieser kleinen Risse so groß, dass alles einreißt. Diese Tatsache kann dann durch nichts mehr aufgehalten werden. Mit 36 begannen meine kleinen Risse, sich zu einem großen zusammenzuschließen, was massive gesundheitliche Konsequenzen nach sich zog. 2018 brach ich gesundheitlich komplett zusammen.

Mein vegetatives Nervensystem ließ sich nicht mehr regulieren. Meine Organe drehten auf gut Deutsch durch. Ein Arzt meinte, ich sei wie ein Hamster in einem Laufrad und obwohl ich nicht mehr laufen könne, könne ich aus diesem Rad nicht aussteigen und werde weiter herumgeschleudert. So ungefähr fühlte sich mein Körper. Er konnte einfach nicht mehr runterfahren und wenn wir keinen Weg aus dieser Schleuder gefunden hätten, hätten die Organe auf kurz oder lang versagt. Aber bis dahin tat ich die vielen kleinen Beben ab.

Nichts passiert, weitergehen, weitermachen.
Ich war darauf getrimmt, zu funktionieren.
Manchmal fast mechanisch, ohne jegliche
emotionale Regung.

Mein Traum war es, genau wie meine Mutter Journalistin zu werden und irgendwann einen Job beim Fernsehen zu bekommen. Daher hatte ich mein Studium entsprechend gewählt. Meine Fühler streckte ich während des Studiums entsprechend aus. Ich hatte es ehrlich gesagt satt, in irgendwelchen Boutiquen Klamotten oder Gegenstände zu verkaufen, die ich mir selbst kaum leisten konnte. Einen Sommer jobbte ich mal kurz bei Douglas. Eines Nachmittags schloss plötzlich um 15 Uhr die Filiale, weil eine Königsfamilie aus Dubai hier ungestört shoppen wollte. Einfach so! Ich war zu dem Zeitpunkt an der Kasse und kassierte die von der Königstochter ausgewählten Gegenstände. Ich gab Make-up, Lippenstifte, Parfüms und alles Mögliche in die Kasse ein, während mir eine komplett verschleierte Frau gegenüberstand, von der ich einfach nichts erkennen konnte. Nur wenn sie ihr Gesicht leicht anhob, blinzelten ihre dunklen Augen hinter dem Schleier und dem Gitter vor ihrem Gesicht hervor. Sie roch extrem stark nach einem süßlichen Parfum. Eine Mischung aus Jasmin und Oud, der sich in meine Nase brannte. Ich fragte mich, wozu sie dieses ganze Make-up wohl bräuchte. Bis auf zu Hause durfte sie ja sowieso niemand sehen. Ich stand also da, in Gedanken versunken, und dachte, ich sei fertig, als die Königstochter auf einen kleinen

Gegenstand zeigte. Ich sah eine mini-kleine Augenbrauenbürste und als ich den Preis darauf sah, war ich sehr sicher, dass dies ein Fehler sein musste und lief zu meiner Managerin. Im Douglas konntest du damals die Wichtigkeit der Person anhand der Knöpfe und Broschen auf ihrem Blazer erkennen. Ein regelrechter Machtkampf unter den Frauen dort, den ich von Anfang an hasste. Jede wollte ständig zeigen, dass sie wichtiger war als die andere. Jedenfalls lachte meine Managerin nur und meinte, das sei der richtige Preis, denn die Bürste sei aus einem ganz besonderen Material und Tierhaaren. Diese kleine Bürste, mit der sie ihre Augenbrauen bürstete, die kaum jemand sah, kostete einfach 990 EUR. Ich kassierte und beschloss in diesem Moment, dass ich hier keinen einzigen weiteren Tag mehr arbeiten würde. Mein Lohn für etliche Stunden Schuften und mich von Egomanen anschreien lassen betrug 400 EUR. Vierhundert Euro! Ich empfand das Leben als ungerecht und jede Motivation, diesen Job weiterzumachen, schwand vor meinen Augen und löste sich in nichts auf, wie ein Haus aus Sand am Ufer nach der Flut.

Eine Freundin verschaffte mir ein Vorstellungsgespräch bei einem Fernsehsender. Ich bereitete mich akribisch darauf vor und ging mit meiner ausführlichen Bewerbungsmappe unter dem Arm zum Gespräch. Ich probierte gefühlt tausend verschiedene Outfits an. An jedem hatte ich etwas auszusetzen und am Ende entschied ich mich für das Erste. Also vollkommen umsonst zwei Stunden verplempert. Das Gebäude des Senders befand sich auf dem Bavaria Filmgelände, auf dem viele Filme und Shows produziert wurden und heute immer noch werden. Es hatte etwas Besonderes für mich, denn dort wurde auch die unendliche Geschichte gedreht - ein Film, den ich als Kind liebte. Ich war mit meiner Mutter einmal in meinen Sommerferien extra in die Filmstudios gefahren und durfte sogar auf dem Drachen Fuchur reiten. Ich malte mir aus, wie ich mit ihm durch die Lüfte fliegen und magische Orte entdecken würde. Ich träumte noch viele Wochen von diesem tollen Erlebnis und wünschte mir so sehr, diese magischen Welten könnten zur Wirklichkeit werden.

*Ich flüchtete mich oft in Tagträume,
baute mir meine ganz eigenen Welten, in
denen alles bunt, heil, friedlich und voller
Zauber war. Die Realität konnte mit meiner
Fantasie nicht mithalten.*

Zurück zum Bewerbungsgespräch: Ich war nervös. Mein Herz pochte und ich klopfte an die Tür. Nachdem mich eine tiefe Männerstimme mit einem überraschend bestimmten Herein ins Zimmer bat, fand ich da einen Mann vor, Mitte 40, mit grau melierten Haaren, einer Karo-Hose und einem weißen Hemd bekleidet, und in einem Skript auf der Couch lesend. Ich stellte mich vor und wollte ihm gerade meine Bewerbungsmappe überreichen, als er mich fragte, welches Sternzeichen ich sei. Was ist das für eine Frage? „Wassermann", sagte ich ganz leise und spürte einen Frosch im Hals. Noch nie zuvor hatte mir jemand bei einem Vorstellungsgespräch diese Frage gestellt. „Wunderbar, das bin ich auch, du hast den Job. Dich bringe ich ganz groß raus", grölte er lachend und wandte sich wieder seinem Skript zu. Erst später erfuhr ich, dass er diesen Satz zu allen sagte.

Ich hinterfragte seinen dubiosen Prozess für Neueinstellungen nicht. Ich freute mich zu sehr über die Zusage und die neue Chance, meinem Traumjob einen Schritt näher gekommen zu sein. Endlich arbeitete ich bei einem Fernsehsender. Mein Aufgabenbereich bestand darin, das Filmvermögen zu verwalten, in Vertretung und als Teilzeit, da ich ja immer noch studierte. Eine immens wichtige Position, denn hierbei muss man Budgets verwalten und Ausspielungen von Beiträgen kontrollieren. Zu Beginn war das für mich, als sage mir jemand, ich müsse plötzlich chinesisch sprechen. Ich verstand einfach gar nichts. Nächtelang saß ich vor diesem Computerprogramm und beschimpfte es mit allen deutschen und iranischen Schimpfwörtern, die ich kannte. Mit der Zeit und dem Willen, nicht einfach aufzugeben, verstand ich aber nach und nach das System und wurde gut in meinem Job. Von dieser Erfahrung zehre ich heute noch. Wann immer mir etwas als schwierig oder unmöglich erscheint, denke ich an das furchtbare Programm, das ich zunächst null verstand und später rückwärts im Schlaf beherrschte.

Worin ich aber weder damals gut war noch heute gut bin, sind die zwischenmenschlichen Herausforderungen, die gerade die Medienbranche mit sich bringt. Nahezu jeder lästerte über den anderen. Am schlimmsten lästerten Frauen miteinander, untereinander, übereinander. Kaum entfernte sich eine aus der Gruppe, weil sie zurück zu ihrem Arbeitsplatz ging, ging es los. Männer wurden auch in die Gespräche gezogen, verloren aber ziemlich schnell das Interesse und gingen. Die Lästereien reichten von Banalitäten wie *Was hat die denn heute wieder an?* bis hin zu *Die schläft sich doch eh nur hoch! Billig und willig!*

Ich fühlte mich unwohl, denn mir war sehr schnell klar, dass dasselbe auch hinter meinem Rücken passieren würde, sobald ich den Raum verließ. Die höheren Positionen waren ausschließlich von Männern besetzt, die das Aufsteigen von Frauen möglichst zu verhindern versuchten. Ich erinnere mich sehr gut an eine unschöne Situation, als ich nach monatelanger harter Arbeit mit unzähligen Überstunden und etlichen Nachtschichten doch befördert wurde und nicht mehr die Vertretung, sondern die zweite Leitung der Abteilung wurde. Ein männlicher Kollege, den ich schon vorher sehr schwierig fand, begegnete mir gerade auf dem Gang, als ich mit dem neuen Vertrag aus dem Personalbüro kam. Beim Fernsehen ist die Flüsterpost sehr schnell und seinem Blick nach zu urteilen, wusste er wohl schon vor mir von meiner Beförderung und meiner Gehaltserhöhung. Und dann - ohne Gruß oder Vorwarnung - die Demütigung: *Ach Aishe, gehören Frauen in deinem Land nicht eigentlich in die Küche?* Er ging einfach weiter, in seinem rot-weißen Karohemd, und ließ mich in Schockstarre auf dem Gang zurück. Das Phänomen, dass mich viele deutsche Staatsbürgerinnen und Staatsbürger für eine Türkin hielten, weil in Deutschland viele Türkinnen und Türken leben, und sie sich nicht die Mühe machten zu differenzieren, war mir bekannt. Aber mit diesem Kollegen arbeitete ich bereits über ein Jahr zusammen und er kannte meinen Namen bestens. Der Satz traf mich mitten ins Herz. Ich kann bis heute nicht verstehen, wieso Menschen absichtlich andere derart verletzen und die Verletzung an sich tatsächlich ihre Intention ist. Ich ging verstört in mein Büro zurück, das ich mit drei anderen Kolleginnen teilte, und erzählte ihnen von meiner verstörenden Erfahrung. Doch die Reaktion von zwei Kolleginnen war nicht wie erwartet empört und aufgebracht, sondern vollkommen gleichgültig. Nur eine war wütend und meinte, ich solle sofort zum Chef gehen. Ich verstand die Welt nicht mehr. Wieso standen sie nicht auf meiner Seite? Die Beleidigung war eindeutig gegen uns Frauen gerichtet, aber der Neid, dass ich die neue Position erhalten hatte, war größer als ihr Drang nach Emanzipation.

Dann, endlich. Eine Frau schaffte es in eine der Führungspositionen an der Spitze. Ich freute mich wie Bolle, denn eine von uns hatte es nach oben geschafft. Ich war euphorisch und siegessicher. Ich dachte, ab jetzt verändert sich etwas und diese blöden Machos kriegen mal eine ordentliche Abreibung.

Eine von uns ist jetzt oben und wird dort aufräumen und dafür sorgen, dass noch mehr von uns in die Chefetage kommen. Doch weit gefehlt. Denn mit dem Eintreten in die Chefetage umgab sie sich nicht mehr mit uns *normalen* Frauen, sondern hielt sich nur noch mit den männlichen Kollegen auf. Sie gab uns förmlich das Gefühl, nun etwas Besseres zu sein. Sie lachte plötzlich über frauenfeindliche Witze, die ständig auf den Gängen und in der Kantine fielen. Genau die Art Witze, über die sie sich früher maßlos aufgeregt hatte. Jetzt speiste sie uns nur mit einem *Ach, jetzt seid doch nicht so zickige Spaßbremsen* ab. Ihre Art verletzte mich mehr als die Witze an sich, denn wie konnte sie plötzlich so sein? Wieso gab sie keine Konter und verteidigte ihr eigenes Geschlecht? Sie hatte doch nun die

Macht, gegen all diese blöden Kommentare, Anspielungen und billigen Anmachen vorzugehen! Sie tat es aber nicht. Entweder lachte sie mit ihren männlichen Kollegen mit, oder sie schwieg. Ihr Schweigen bohrte sich wie ein Messer in mein Herz. Ich konnte dieses Verhalten absolut nicht verstehen. Doch dies war nicht das letzte Mal, dass mir dieses Verhalten bei Frauen, die es in Führungspositionen geschafft haben, auffiel. Ich nenne solche Frauen inzwischen *Bessere Männer*, denn die meisten legen ihre gesamte Weiblichkeit ab und versuchen zwanghaft, sich wie ein Mann zu kleiden, zu reden, zu verhalten.

Etliche Jahre später, ich hatte schon mein Frauennetzwerk sheciety gegründet und mich aktiv für die Gleichberechtigung und Gleichstellung der Frau eingesetzt, kam es zu einer Begegnung mit einer Frau, die ich niemals vergessen werde. Ich hatte bereits über neun Monate lang knallharte Verhandlungen in einer der größten Wirtschaftskanzleien geführt, weil ich auf Wunsch von einigen jungen Frauen in der Firma dort unser Female Empowerment Programm implementieren wollte. Viele hatten uns angeschrieben und sich über die patriarchalischen Zustände im Unternehmen beschwert. Ich arbeitete mich also Instanz für Instanz vor, um dieses Programm, das das Unternehmen lediglich 99,00 EUR pro Jahr und Mitarbeiterin kosten würde, zu integrieren. Es gab insgesamt drei Vorstände, zwei männlich und eine weibliche. Nach neun anstrengenden Monaten hatte ich die Unterschrift der beiden männlichen Vorstände eingeholt und nach weiteren zwei Monaten Wartezeit durfte ich endlich bei der Vorständin vorsprechen, um in einem letzten Schritt ihre Unterschrift zu erhalten und mit dem Programm losstarten zu können. Ich ging also zuversichtlich mit dem sicheren Gefühl, endlich am Ziel angekommen zu sein, in ihr Büro. Sie grüßte mich kühl und schob den Vertrag, der auf ihrem Schreibtisch lag und auf dem ihre Unterschrift fehlte, in meine Richtung und sagte nur: „Meine kriegen sie nicht." Ich kapierte gar nichts mehr. „Wieso nicht?", stammelte ich etwas unbeholfen. Ich hatte mit allem, nur nicht mit der Verweigerung ihrer Unterschrift gerechnet. Noch dazu von einer Frau für ein Frauenprogramm. Sie zog ihre kleine rote Lesebrille ab, die sie sicher für sehr keck und trendy hielt, denn alles andere an ihr war grau und farblos, und platzierte sie sorgfältig auf dem Schreibtisch. Eine unnötig lange Pause später, die wahrscheinlich für Autorität und Theatralik hätte sorgen sollen, blickte sie mir tief in die Augen und fragte: „Wissen Sie eigentlich, wie schwer ich es hatte, hier nach oben zu kommen? Warum genau soll ich es den Frauen nach mir leichter machen?" KNOCK-OUT. In meiner vollkommenen Unfähigkeit, auch nur ein einziges Wort zu erwidern, verließ ich wie ein begossener Pudel den Raum. Im Augenwinkel konnte ich sehen, wie sie den Vertrag zerriss. Noch lange vor dieser prägenden Erfahrung entschied ich mich, besagten Job beim Fernsehen zu kündigen, denn die Häufigkeit unschöner Erfahrungen nahm zu und meine Toleranzgrenze mit ihr ab.

Ich ging zu einer kleinen Agentur, in der zwei Frauen Chefinnen waren, und erhoffte mir dadurch eine bessere Stimmung. Die Agenturchefin war eine wunderschöne Frau. Ich erinnere mich gut an ihre strahlend grüne Halskette, die sie sehr oft trug. Sie war auf Zack und allem Anschein nach wusste sie genau, was sie wollte und auch, wie sie es bekam. Das faszinierte mich, denn auch wenn, ich nach außen hin oft als selbstsicher wahrgenommen wurde, innerlich war ich es nicht. Ich dachte, sie könne mir beibringen, so selbstsicher zu werden wie sie. Sie versprach mir, mich sogar eines Tages an der Agentur zu beteiligen, weil sie sehr viel Potenzial in mir sehe und mir alles zeigen werde, damit ich bald in ihre Fußstapfen treten könne. Mein Herz hüpfte. Ich dachte, den perfekten Ort für mein Wachstum gefunden zu haben. Pustekuchen. Es stellte sich heraus, dass sie sich sehr gut verkaufen konnte und es nicht einmal ansatzweise ihre Absicht war, mich in irgendwelche, geschweige denn ihre eigenen Fußstapfen treten zu lassen. Je besser ich sie kennenlernte, desto mehr erkannte ich, wie verbittert und gehässig sie war. Sie säte Zwietracht unter den anderen Mitarbeitenden, ohne dass wir das damals bemerkt hatten. Jahre später traf ich mich mit einer Kollegin und wir kamen der Sache auf die Spur. Wir waren vier Frauen und ein Mann. Wir alle saßen in einem großen Raum. Die beiden Chefinnen außen an der Wand und wir an einer Insel mitten im Raum, sodass sie jederzeit auf unsere Bildschirme schauen konnte. Das löste immer ein

Gefühl von Unbehagen in mir aus, denn ich fühlte mich permanent beobachtet und kontrolliert. Zu meinem Kollegen war sie immer sehr nett und lobte ihn. Für uns Frauen war kein Geschrei Lob genug. Entweder schrie sie, oder war still. Ein nettes Wort für uns kam ihr nie über die Lippen. Es dauerte, bis ich den Grund ihrer Verbitterung verstand. Meine Chefin war hübsch, hatte einen tollen Mann, war vermögend und hatte ihre eigene Agentur. Klingt erst mal nach Jackpot. Doch was ich zunächst übersah, war die Tatsache, dass sie sich sehnlichst Kinder wünschte und leider keine bekommen konnte. Hinter ihr lagen etliche Versuche und damit einhergehend unendlich viel Schmerz. Ihr Neid und ihre Wut auf andere Frauen waren Ausdruck ihrer tiefen Trauer.

Im letzten Semester meines Studiums kam ein Bekannter auf mich zu. Bevan war Marketingchef der Biermarke Corona. Er suchte nach einer Agentur, die ihn bei Events und Promotions unterstützen sollte. Ich bekam die Chance! Nächtelang arbeitete ich an den Entwürfen für meine Präsentation. Niemand half mir und jedes Mal, wenn meine damalige Chefin hinter meinem Rücken vorbeiging, lächelte sie hämisch. Bevan kam also in die Agentur. Wir gingen in den Konferenzraum, der sich ebenfalls in diesem einen großen Raum befand und nur durch eine Glaswand akustisch abgetrennt war. Wir setzten uns. Gerade, als ich mit der Präsentation beginnen wollte, kam meine Chefin in den Meetingraum. Sie fiel mir ins Wort, riss das Ruder an sich und verkaufte meine Ideen als die ihren. Ich war schockiert und auf eine gewisse Art und Weise auch verletzt, sagte aber nichts. Ich war Mitte 20, von Frauen wie der Agenturchefin ließ ich mich damals noch einschüchtern. Ich hatte nicht genug Selbstbewusstsein und generell zu viel Respekt vor älteren Menschen, um angemessen zu reagieren. Bevan hörte sich meine Ideen aus ihrem Mund gespannt an und sagte, er melde sich die nächsten Tage. Noch am selben Abend rief er mich an und sagte, er liebte mein Konzept, aber diese Chefin sei unmöglich. Er wusste, dass das alles meine Ideen waren. Bevan beauftragte nicht die Agentur, sondern mich und sagte, ich solle mich einfach selbstständig machen. „Was die kann, kannst du schon lange." Ich lachte ihn aus, denn erstens befand ich mich im letzten Semester meines Studiums und zweitens wollte ich nie Unternehmerin sein.

Doch die Situation mit der Agenturchefin wurde nicht besser und spitzte sich immer mehr zu, da auch der Frust in ihr stieg.

Es war Dezember 2006, als ich meine Kündigung einreichte, und März 2007, als ich meine eigene erste Agentur eröffnete. Von Tuten und Blasen keine Ahnung, doch gewillt, alles anders zu machen als all die neidischen, gehässigen, frustrierten und anderen nichts gönnenden Menschen da draußen.

Ich gründete also meine Agentur und wir gingen auf Promotion-Tour mit Corona. Wir reisten von Club zu Club in Deutschland, Österreich und in der Schweiz. Sobald die Events liefen, zog ich mich in eine Ecke des Clubs zurück, packte meinen Laptop aus und schrieb an meiner Magisterarbeit, denn ich wollte das Studium, das ich mir so hart erkämpft hatte, unbedingt erfolgreich abschließen. Ich war es dem kleinen Mädchen in mir, an das kaum eine Person geglaubt hatte, schuldig zu beweisen, dass auch Frauen mit Migrationshintergrund erfolgreiche und angesehene Persönlichkeiten sein können.

Der Agentur folgten schnell weitere Firmen. Ich hatte Blut geleckt und zu meinem Erstaunen war ich als Unternehmerin wirklich gut. Mein absolutes Herzensprojekt startete ich 2013, mein Frauennetzwerk, damals unter dem Namen *Business Women's Society*. 2022 nannte ich das Netzwerk dann in *sheciety* um, weil viele Frauen das *Business Women* abschreckte. Sie dachten, das wäre nur für Managerinnen und sie selbst seien nicht gut genug. Da ist es wieder. Das alte Thema. Noch vor zehn Jahren gab es kaum Frauennetzwerke und ich verstand nach meinen vielen negativen Erfahrungen in der Berufswelt nicht, warum Frauen sich nicht förderten und gegenseitig nach oben zogen. Was ich wusste, war: Dem wollte ich entgegenwirken. Was ich allerdings damals nicht ahnte, war die Tatsache, dass Frauenförderung zu meiner absoluten Lebensmission werden würde und ich nach und nach alle anderen Firmen bzw. alles, was nicht dieser einen Vision dienlich war, verkleinern, verkaufen oder schließen würde. Ich wollte Frauen auf ihrem Weg unterstützen, sichtbar zu sein und an sich zu glauben. Ich übersah, dass ich zwar anderen dabei helfen wollte, ich selbst aber weder das eine war, noch wirklich an mich selbst glaubte.

WARUM WIR FRAUEN EINANDER NICHT FÖRDERN

Neben meinen eigenen Erfahrungen in der Berufswelt habe ich es mir zur Aufgabe gemacht, mich mit meinem Frauennetzwerk für die Gleichstellung und Gleichberechtigung von Frauen einzusetzen. Ein wichtiger Schlüsselfaktor hierbei sind wir Frauen selbst. Denn unabhängig vom Patriarchat und von festgefahrenen gesellschaftlichen, politischen und religiösen Strukturen können wir alle, jede einzelne von uns, Veränderung schaffen. Meine genannten Beispiele, wie mein Kollege beim Sender, oder meine Chefin in der Agentur, sind nur die Spitze des Eisbergs. Ich selbst entschied mich sehr jung für die Selbstständigkeit. Viele Frauen erleben hier sowohl in kleinen Unternehmen als auch in großen Konzernen unfassbar traurige und unvorstellbare Geschichten. Bei meinem Netzwerk erreichen uns oft Nachrichten von verzweifelten Frauen, die regelrecht so lange gemobbt werden, bis sie kapitulieren. Ich bin davon überzeugt, dass ein massiver Fortschritt vollbracht werden könnte, wenn wir Frauen mehr zusammenhalten und uns gegenseitig fördern würden.

Doch nicht jede Frau ist wie in meinen Negativbeispielen. Manche können sich auf Augenhöhe begegnen, einander unterstützen und sich gegenseitig nach oben ziehen. Was unterscheidet diese Frauen von den anderen? Dieser Frage widmete ich in Zusammenarbeit mit zwei Universitäten in München ganze Studien; die Ursache ist fast immer dieselbe: Mangeldenken und damit einhergehender Neid[8] – einer der stärksten Mechanismen, der Mangel in uns auslöst. An dieser Stelle möchte ich dir erklären, was Neid ist, woher er kommt, und was du dagegen tun kannst.

Neid ist ein komplexes menschliches Gefühl, das aus verschiedenen Gründen auftreten kann und unser Mangeldenken steigert. Kaum eine

---

8 Definition Neid: „Das Gefühl des Neides ist dieser benennbare Stich, der uns angesichts einer Leistung, des Aussehens, des Eigentums eines anderen oder einer anderen durchfährt und uns mit Gefühlen der Ungerechtigkeit, der Trauer, des Ärgers, der Unzufriedenheit trifft." Kast, Verena: Über sich hinauswachsen, S.18
https://shop.verlagsgruppe-patmos.de/media/pdf/978-3-8436-0591-5.pdf, zuletzt aufgerufen am 12.10.23

Emotion schadet unserem Leben so sehr wie Neid. Hier sind einige mögliche Gründe für Neid und Impulse, wie wir das Gefühl umwandeln können:

1. **Soziale Vergleiche:** Menschen neigen dazu, sich mit anderen zu vergleichen. Wenn sie das Gefühl haben, dass andere in Bereichen, die ihnen wichtig sind (wie Reichtum, Erfolg, Beziehungen, Aussehen), besser abschneiden, kann Neid entstehen. Neid kann sich auf die unterschiedlichsten Aspekte beziehen, wie auf den Wunsch nach einer schöneren Nase oder einer schlanken Taille und dichterem Haar. Neid kann aber auch Resultat tiefer unerfüllter Sehnsüchte sein, wie die Fruchtbarkeit anderer Frauen, und hier zu großem Schmerz und Trauer führen.

2. **Mangel an Selbstwertgefühl:** Personen mit geringem Selbstwertgefühl können sich durch die Erfolge anderer bedroht fühlen. Neid kann aufkommen, wenn sie das Gefühl haben, dass sie nicht mithalten können. Dieses Verhalten ist bei Frauen stärker ausgeprägt als bei Männern, da wir beruflich ganz einfach weniger Chancen und mehr Hürden zu überspringen haben. Frauen stellen sich gerade im beruflichen Kontext viel öfter als Männer infrage, da sie weniger an sich glauben und oft ihren Wert nicht kennen.

3. **Wahrnehmung von Ungerechtigkeit:** Wenn jemand das Gefühl hat, dass andere unverdient oder auf Kosten anderer erfolgreich sind, kann Neid entstehen, besonders wenn man glaubt, selbst hart gearbeitet zu haben und nicht in den Genuss von Erfolg und Reichtum gekommen zu sein. Wir haben dann das Gefühl, dass manchen Menschen einfach alles zufliegt, wohingegen wir selbst für alles hart arbeiten müssen.

4. **Eigene Unzufriedenheit:** Personen, die mit ihrem eigenen Leben oder ihren eigenen Leistungen unzufrieden sind, können neidisch auf diejenigen werden, die scheinbar erfolgreich oder glücklich sind.

5. **Konkurrenz und Rivalität:** In Wettbewerbssituationen, sei es beruflich oder privat, kann Neid auftreten, wenn jemand das Gefühl hat, dass der Erfolg des anderen den eigenen Erfolg gefährdet.

6. **Gesellschaftlicher Druck:** In Gesellschaften, die Erfolg und Besitz schätzen, kann der Druck, mit anderen mithalten zu müssen, Neid hervorrufen.

7. **Mangelnde Empathie:** Die mangelnde Fähigkeit, sich in die Lage anderer zu versetzen, kann dazu führen, dass man die Erfolge anderer nicht angemessen würdigt und stattdessen neidisch wird.

8. **Fehlende Selbstreflexion:** Manchmal erkennen Menschen nicht, dass Neid ein Produkt ihrer eigenen Unsicherheiten oder Unzufriedenheiten ist, und projizieren stattdessen ihre Gefühle auf andere.

9. **Kulturelle Einflüsse:** In einigen Kulturen wird Neid eher toleriert oder sogar als Ansporn zur Selbstverbesserung angesehen. Beispiel: die Vereinigten Staaten. In den USA wird Wettbewerb oft gefördert und als Motivation angesehen, um persönlichen Erfolg zu erzielen. Der American Dream betont die Idee, dass jede und jeder durch harte Arbeit und Einsatz wohlhabend und erfolgreich werden kann. In diesem Wettbewerbsklima kann Neid in gewisser Weise als Ansporn dienen, um besser zu werden und erfolgreich zu sein.

10. **Einschränkende Ressourcen:** In Situationen, in denen Ressourcen begrenzt sind (z.B. in einer knappen Arbeitsumgebung), kann Neid entstehen, wenn jemand das Gefühl hat, dass andere einen unverhältnismäßig großen Anteil erhalten.

Es ist wichtig zu betonen, dass Neid ein natürlicher aber nicht immer gesunder und auch kein sozial erwünschter Emotionszustand ist. In vielen

Fällen kann Neid zu Missverständnissen, Konflikten und negativen Auswirkungen auf die persönliche Gesundheit führen. Warum? Weil Neid uns aus meiner Erfahrung von innen zerfressen kann. Ich rede hier nicht davon, jemanden auf positive, gesunde Weise zu bewundern, vielleicht seinen bzw. ihren Erfolg oder eine besondere Leistung anzuerkennen, und daraus Motivation für sein eigenes Vorankommen zu ziehen. Ich meine wirklich dieses dunkle Gefühl der Verbitterung und der Missgunst.

Wie also können wir mit Neid umgehen und in ein Gefühl verwandeln, das uns nützt, anstatt schadet? Auch wenn es manchmal schwer ist, möchte ich dir von Herzen raten, mit Neid auf möglichst konstruktive Weise umzugehen, indem du beispielsweise Selbstreflexion betreibst, Empathie entwickelst und an deiner eigenen persönlichen Entwicklung arbeitest. Ich selbst bin all diese Schritte durch und ja, ich weiß genau, wie schwierig es ist, die Perspektive zu verändern. Ich weiß genau, dass es so viel einfacher ist, auf andere zu zeigen und zu sagen: Dies ist unfair, das ist gemein und überhaupt ist sowieso alles ungerecht. Ich weiß genau, wie er sich anfühlt, der Neid auf ein besseres Leben, eine friedliche Gesellschaft, eine erfüllende Beziehung.

Da Neid ein Ausdruck von Mangel ist, ist hier Dankbarkeitsarbeit der Schlüssel zur Transformation. Je mehr ich mich auf meine Haben-Seite konzentriere, desto mehr rückt meine Nicht-Haben-Seite in den Hintergrund. Unsere Energie folgt immer unserer Aufmerksamkeit[9]. Lenke ich also meine Gedanken bewusst dahin, dankbar zu sein für all die kleinen und großen Dinge, die ich habe, die ich geschafft habe, die ich noch erreichen darf, bleibt umso weniger Raum für Mangeldenken und somit für Neid.

Anstatt also die Kollegin, die gerade befördert wurde, zu beneiden, bin ich dankbar, dass Frauen inzwischen befördert werden und ich möglicherweise auch bald die Chance dazu bekommen werde. Anstatt die Frau, die in einer glücklichen Partnerschaft lebt, zu beneiden, kann ich dankbar sein, dass ich auch bald in einer erfüllenden Beziehung sein

9 Mehr dazu in Kapitel 7

werde und bis dahin meine Freiheit und die Zeit mit mir selbst anneh-
me und genieße. Ich weiß, es gibt Situationen im Leben, da ist es sehr
schwer, Dankbarkeit zu empfinden. Da ist es sehr leicht, in den Mangel zu rutschen. Aber mit viel und stetiger Übung gelingt es auch an
schlechten Tagen und selbst in Krisen, negative Gefühle und Gedanken
zu shiften. Denn einer Sache kannst du dir immerzu gewiss sein. Es geht
auch schlimmer. Und es gibt Menschen, die mehr Leid erleben müssen
als du.

Ich hatte oft mit langwierigen Krankheiten zu kämpfen, die jahrelange
Auswirkungen auf mein Leben hatten und teils heute noch haben. Jahrelang blickte ich neidisch auf gesunde Menschen und war somit in meinem Mangel verhaftet, was absolut zu keiner Verbesserung meiner Lage
führte. Erst als ich lernte zu verstehen, dass meine Krankheiten nur ein
Spiegel meiner Seele und somit meiner Aufgaben, die ich zu meistern
habe, sind, verbesserte sich mein Gesundheitszustand allmählich. Anstatt zu denken *Warum immer ich? Warum muss ich ständig krank sein?
Warum sind andere gesünder als ich?* änderte ich meine Denkweise in:
Danke, dass ich leben darf. Danke, dass ich lerne. Danke, dass ich heile. Ja,
ich litt, aber es gibt Menschen, deren Krankheiten wesentlich schlimmer
sind und viele von ihnen sterben sogar daran. Also was bringt mir mehr?
Mich, als Opfer zu sehen und neidisch auf die zu blicken, denen es besser geht? Oder dankbar dafür zu sein, dass ich heilen darf?

*Wir alle können immer einen Grund finden,
um in Mangel zu sein und Neid zu entwickeln,
aber auch viele Gründe für Dankbarkeit.*

Hier mal eine lustige Geschichte, um dir das noch deutlicher zu zeigen.
Diese Parabel ist von mir frei erfunden und doch ist sie wahr.

Eine Singlefrau begegnete beim Spazierengehen einer Frau, die händchenhaltend mit ihrem Freund an ihr vorbeilief. Sie schaute die Pas-
santin neidisch an, denn auch sie hätte gerne einen festen Freund. Die
Frau, die händchenhaltend mit ihrem Freund spazieren ging, setzte

sich mit ihm in ein Café, wo ihnen ein verheiratetes Paar gegenüber saß. Sie schaute die verheiratete Frau neidisch an, denn auch sie wäre gerne verheiratet, aber ihr Freund fragte sie einfach nicht. Die verheiratete Frau und ihr Mann verließen das Restaurant und liefen zu ihrem Auto, das neben einem Van parkte, aus dem eine Familie mit zwei Kindern ausstieg. Sie schaute die Mutter neidisch an, denn auch die verheiratete Frau wünschte sich sehnlichst Kinder. Die Frau mit den Kindern war gerade dabei, ihre Kinder in den Kinderwagen zu setzen, als an ihr eine Frau vorbeilief, die Single zu sein schien, denn sie swipete gerade auf ihrem Handy bei Tinder. Sie schaute sie neidisch an und dachte: *Mein Gott, muss die sich frei und glücklich fühlen, so ungebunden und ohne Verantwortung.*

Du siehst, egal in welcher Lebenssituation du dich gerade befindest, manchmal hängt es einfach nur vom eigenen Blickwinkel ab, ob wir gerade Dankbarkeit oder Neid empfinden. Klar, wir können unzufrieden und neidisch sein, aber wir müssen es nicht. Du kannst auch dankbar für all das sein, was du hast, und mit dieser Dankbarkeit erschaffst du dir eine Gegenwart der Fülle, in der Neid und Mangel keinen Raum haben.

....

❤ *Hier noch eine kleine Übung für dich: Schreibe jeden Tag 10 Dinge auf, für die du dankbar bist. Auch Kleinigkeiten wie das ehrliche Lächeln eines Kollegen oder das leckere Mittagessen zählen. Oder das größte Geschenk, das du hast: dein Leben. Und damit jeden Tag die Chance, dein Leben zu verändern und deinen Wünschen und Träumen näherzukommen. Glaub mir: Ein Dankbarkeitsritual zu etablieren, hilft immens und wird dein Leben nach kurzer Zeit massiv zum Positiven verändern.*

....

KAPITEL 6

SELBSTLIEBE

SELBSTLIEBE

Ich wähle dich,
allen voran,
allem voran.

Ich wähle dich,
für immer,
ohne Zweifel,
ohne Zögern.

Ich wähle dich,
voller Liebe,
ohne Reue,
ohne Scham.

Ich wähle dich,
kleines Mädchen in mir,
damit du heilst
und du
auch mich wählen kannst.

Saina B.

WIE SEINE LIEBE MEINE SELBSTLIEBE AKTIVIERT HAT

Neben all meinen beruflichen Ambitionen und den raschen Erfolgen blieb nebenher kaum Zeit für Leben, geschweige denn für Privatleben. Zudem war ich nach wie vor auf Angst, Mangel und Leistung geprägt und zog laufend die falschen Männer an. Mit meinen Geschichten und Erfahrungen könnte ich ein komplettes Buch füllen. Den Satz *Immer habe ich Pech in der Liebe* machte ich zu meinem Mantra, ich habe mich darin richtig gesuhlt. Bei mir war es schon so traurig, dass ich den Satz nicht einmal mehr äußern musste. Bei jedem Beziehungsende kam von meinen Freundinnen schon ganz automatisch: *Du hast aber auch kein Glück mit deinen Männern.*

Heute weiß ich: Mit Glück oder Pech haben Beziehungen jedenfalls nichts zu tun. Ich zog an, was mein Inneres spiegelte. Das, was ich glaubte, verdient zu haben. Nur verstand ich das nicht ganz, denn im Grunde sehnte ich mich nach einer harmonischen festen Beziehung. So wie die meisten, nehme ich an. Gleichzeitig wehrte sich mein Inneres gegen eine erfüllte Partnerschaft. Warum? Weil Beziehungen für mich nicht als etwas Positives abgespeichert waren.

Mädchen werden anfänglich durch die Vater-Tochter- und auch Mutter-Vater-Beziehung geprägt. In der Beziehung meiner Eltern trug meine Mutter Verantwortung für alles. Mein Vater war mehr mit seinen Freunden als mit uns beschäftigt. Schon früh in meiner Kindheit speicherte ich also den Glaubenssatz ab: *Auf Männer kann man sich nicht verlassen.* Was zog ich also an? Genau. Männer, auf die ich mich nicht verlassen konnte. Entweder wollten sie sich erst gar nicht auf eine Beziehung einlassen, oder sie gingen eine Partnerschaft ein und betrogen mich. Und manchmal einigten wir uns schon von vornherein darauf, dass es nichts Ernstes sei. Gerne nahm ich auch die Rolle der guten Freundin ein, um keine Gefühle zuzugeben und litt heimlich, meinen vermeintlichen Traummann aus sicherer Distanz anschmachtend.

So oder so, Herzschmerz, viele Packungen Taschentücher, Schokolade, Schnulzenlieder in Dauerschleife waren das Resultat meiner Liebesbeziehungen. JEDER meiner Liebesbeziehungen! Kam mal ein wirklich netter Typ um die Ecke, der ernste Absichten hatte, fand ich vehemente Gründe, warum er nicht der Richtige sei, und rannte weg.

Mein Bruder machte irgendwann mal den Scherz und sagte: „Was war mit dem Typen wieder nicht richtig? Liegt etwa ein Haar seiner Augenbraue krumm?" Ich lachte, aber er hatte Recht. Manchmal waren es wirklich solche Banalitäten, die ich zur Rechenschaft heranzog. Bis Ende 20 hatte ich erst drei wirkliche Beziehungen hinter mir.

Der erste Mann hatte schizophrene Züge. Ein Teil von ihm liebte mich, der andere konnte mich jedoch nicht ausstehen. Blöde Kombi. Unsere Begegnung war wie in einem dieser Kitschromane. Ich war mit einer Freundin ausgegangen und saß wirklich fast schon zu Tode gelangweilt an der Bar. Ich war nie der große Partymensch. Ich trank nicht besonders viel und ich glaube, nur zwei oder drei Mal in meinem Leben meine Grenze überschritten zu haben. Ich musste mich übergeben. Die Tatsache, dass ich mich also nicht wie meine Freundinnen und Freunde maßlos betrank, störte alle. *Jetzt trink doch was!* ist ein Satz, den ich heute noch oft höre. Warum wollen eigentlich immer alle einen dazu zwingen, Alkohol zu trinken? Oft bin ich nüchtern besser und lustiger drauf als jeder Betrunkene. Jedenfalls war dies wieder einer dieser Abende, an dem sich meine Freundin einen Drink nach dem anderen hinter die Binde kippte und mich mit der Frage nervte, warum ich nicht dasselbe tat. Ich war kurz davor zu gehen, als er, mein zukünftiger Ich-will-dich-und-eigentlich-doch-nicht-Freund, mit einem Kumpel von mir den Club betrat. Ich war, heute würden wir sagen, schockverliebt. Er sah umwerfend aus. Grau melierte Haare, braungebrannte Haut, eine Jeans, die mir irgendwie direkt ins Auge stach, knielanger schwarzer Mantel und die grünsten grünen Augen, die ich je gesehen hatte. Mein kleines Herz hatte absolut keine Chance. Also blieb ich. Tatsächlich schien er mich auch zu mögen, denn wir unterhielten uns den ganzen Abend und verabredeten uns. Unser erstes Date war magisch. Wir gingen auf ein Konzert und küssten uns dann stundenlang im Auto. Es war eine klare Nacht, wir konnten die Sterne durch das offene Schiebedach seines Autos sehen. In seinem Auto roch es nach Minzkaugummi, Aftershave und Leder – ich liebte diese Mischung. Ja, es hätte der Anfang einer großen Liebesgeschichte werden können! Wenn er nicht ab und zu einfach spurlos verschwunden wäre. Meine Mädels und ich versuchten dann, ihn in Nacht-und-Nebel-Aktionen zu finden. Wir entwickelten uns zu kleinen Detektivinnen, immer auf der Suche nach einer neuen Spur. Eine meiner Freundinnen arbeitete bei einem Telefonanbieter. Einmal machten wir uns wirklich so massive Sorgen, dass sie ihn, nachdem wir schon sämtliche Krankenhäuser abtelefoniert hatten, sogar orten ließ. Und dies auf die Gefahr hin, ihren Job zu verlieren. Na, ratet mal, wo er war! Zuhause. Er hatte einfach sein Festnetz und Handy ausgeschaltet. Eine Woche später, ich machte mir bereits alle möglichen schlimmen Gedanken, erhielt ich eine SMS mit den Zeilen: „Brauche Zeit für mich. Melde mich dann." Wow. Nicht zu viel Erklärung auf einmal, bitte! Die Beziehung wurde dubioser. Er tauchte immer öfter einfach unter. Hatte fadenscheinige Ausreden. Einmal rief er mich aus Versehen nochmal an, nachdem wir gerade telefoniert hatten. Klassischer Fall von Pocket Call und ich hörte, wie er mit einer anderen Frau flirtete. 15 Minuten später ein erneuter Pocket Call, inzwischen war er im Auto und der Song It *wasn´t me* lief gerade im Radio. Fast schon lustig, wenn es nicht so traurig gewesen wäre. Nach zwei qualvollen Jahren beendete ich die Beziehung.

Die nächste Beziehung war das genaue Gegenteil. Mein Freund wollte 24/7 Zeit mit mir verbringen. Was ja grundsätzlich okay gewesen wäre, hätte er zwischendrin nicht totale Aussetzer gehabt. Banalitäten wie ein eingeklemmtes Stück Stoff im Reißverschluss seiner Jacke führten nicht selten zu einem Wutanfall inklusive Zerschneiden der Jacke. Mir machte das sehr oft richtig Angst. Aber ich wollte standhaft bleiben. Ich wollte es dieses Mal allen beweisen. Ich wollte zeigen, dass ich doch beziehungsfähig bin. Und blieb. Wir wollten sogar zusammenziehen. Doch während wir meine Sachen aus seiner alten Wohnung in Kisten packten, merkte ich, wie sich ein riesiger Kloß in meinem Hals bildete. Wollte ich wirklich ein Leben mit einem unberechenbaren Menschen führen? Was, wenn ich ihn mal so nerven würde, dass er mich zerschnitt? Gedankenversunken und heimlich brachte ich meine Kisten anstatt zum Umzugswagen in mein eigenes Auto. Erst kleine Kisten, dann auch größere. Ich hatte Herzrasen und war extrem nervös, aber etwas in meinem Inneren war stärker als die Angst. Im Trubel des Umzugs fiel ihm das erst auf, als wir in der neuen Wohnung waren. „Schatz, wo sind deine Sachen?" Noch bevor ich antworten konnte, vibrierte sein Handy und das Bild einer nackten Frau plus SMS mit dem Text *Wann sehen wir uns wieder?* erschien auf dem Display.

So seltsam das auch klingen mag, aber diese Nachricht war meine Rettung. Sie war mein Ticket in die Freiheit. Statt Schmerz oder Traurigkeit zu empfinden, weil er mich ja offensichtlich betrogen hatte, war ich einfach nur erleichtert. Ich hatte den perfekten Grund, zu gehen. Ich erinnere mich heute noch daran, wie ich mit den Kisten im Auto wegfuhr und das Fenster runterließ. Ich hatte das Gefühl, zum ersten Mal nach Langem wieder richtig atmen zu können. Befreit aus einem viel zu engen Korsett. Es war ein sonniger Tag im Sommer. Ich streckte meinen Kopf aus dem Auto und badete mein Gesicht im Wind. Ich rief meine beste Freundin an und erzählte ihr von der Trennung. Sie fragte mich, wie ich mich fühlte. Und mit einem freudigen Kribbeln im Bauch und einem breiten Lächeln im Gesicht rief ich: FREI!

Nummer drei war irgendwie wie Mister Big aus der Serie *Sex and the City*. Mein Mister Big. 16 Jahre älter, laufend geschäftlich unterwegs und nie bereit, sich komplett zu committen. Wir hatten wunderschöne Momente, in denen ich mich wie eine Prinzessin fühlte. Aber es gab auch Augenblicke, wo er mich abgeschoben hatte und in denen ich mich sehr einsam fühlte. Viele Jahre später machte er mir bei einem Wiedersehen sogar eine Art Antrag. Wir waren auf einem Event. Er lief vor mir, als ich ein rosa Band entdeckte, das hinten am Hals aus seinem weißen Hemd herausragte. Irgendwie gehörte das nicht dahin. Als ich ihn drauf ansprach, meinte er, ich solle doch mal daran ziehen. Also zog ich. Am Ende des Bandes hing ein Ring. Nicht irgendein Ring, sondern mein absoluter Traumring von Bulgari. Ich war sprachlos und musste mich erstmal sammeln. Ein Teil von mir freute sich und wollte ihm am liebsten um den Hals fallen. Aber es gab da noch einen anderen Teil in mir, der mich davon abhielt. Er hatte schon zu oft mein Herz gebrochen, Verabredungen abgesagt, Versprechen nicht gehalten. So gerne ich das alles auch vergessen hätte, ich konnte nicht. Mein Herz konnte es nicht. Es war einfach zu spät. Zu viele Enttäuschungen hatten den Raum für ein romantisches Happy End genommen. Er bestand darauf, dass ich den Ring dennoch behalten solle. Ich hatte nichts dagegen, denn ich liebte diesen Ring. Wir blieben Freunde. Und sind das heute noch.

Einige flüchtige Begegnungen und weiteren Herzschmerz später kam er, Nummer vier, Mister X. Unerwartet, denn mittlerweile hatte ich all meine Erwartungen über Bord geworfen. Er war absolut nicht mein Typ. Blond, blaue Augen und Schwabe (die Schwaben unter euch mögen mir verzeihen, aber ganz ehrlich, wirklich sexy ist euer Akzent nicht). Er war verheiratet, aber getrennt lebend, behauptete er jedenfalls, und von der ersten Sekunde unserer Begegnung schockverliebt in mich. Ich fand ihn gar nicht gut. Sogar sein Name störte mich. Wir lernten uns auf einer Geschäftsreise in Dubai kennen, denn er war dort als Direktor für eine deutsche Bank tätig. Die ersten zwei Abende, an denen ich ihn gezwungenermaßen wieder sehen musste – er war Geschäftspartner meines damaligen besten Freundes – passierte nichts. Ich hielt seinen permanenten und auch echt aufdringlichen Anmachversuchen stand. Ich war ehrlich gesagt sogar extrem genervt davon. Am dritten Abend unternahmen wir dann alle zusammen eine Bootstour und die Jungs hatten sich wohl alle abgesprochen, denn der einzige freie Platz auf dem Boot war der Sitz, auf dessen Lehne er sich gesetzt hatte. Was soll's, dachte ich, und nahm Platz. Wir fuhren in die dunkle Nacht hinein und die bunten Lichter der pulsierenden Stadt wurden kleiner und kleiner. Es wehte ein leichter Wind. Die Luft roch nach Meer und starkem Aftershave und irgendwie fühlte ich mich plötzlich sehr lebendig, verschmolzen mit diesem magischen Augenblick, mitten auf dem Meer in Dubai. Ich blickte zu Mister X nach oben, der mich mit seinen funkelnden blauen Augen anlächelte. Und plötzlich küsste er mich. Ich wehrte mich nicht, zu meinem Erstaunen. Bis heute weiß ich nicht, was in diesem Moment geschah, aber es war seltsam. Zwei Wochen nach meiner Abreise besuchte er mich in München und wir kamen uns näher. Nach wie vor fühlte ich nicht wirklich etwas, außer einer gewissen Aufregung, wenn er mir schrieb und wir uns nah waren. Ich hatte keine Erwartungen, also genoss ich einfach den Moment. Ich suchte nicht nach Fehlern wie einer falsch liegenden Augenbraue und hatte einfach Spaß mit ihm. Schließlich war er nicht jemand, mit dem ich mir etwas Festes vorstellen konnte. Er lebte in Scheidung und auf einem anderen Kontinent und erzählte von drei wunderbaren Kindern. Nichts zu befürchten, dachte ich jedenfalls. Aufgrund seiner Lebensumstände und meiner ausbleibenden Verliebtheit setzten meine üblichen Schutz- und Abwehrmechanismen glücklicherweise nicht ein und zum ersten Mal in meinem Leben konnte ich mich paradoxerweise komplett fallen lassen. Er konnte nicht an mir vorbeigehen, ohne fast schon über mich herzufallen. Er fand einfach alles an mir sexy. Jede Haarsträhne, jedes Gramm, das meiner Meinung nach zu viel war, jedes Kleid, das ich anzog und jeden Satz, den ich sagte. Er liebte mich auf eine Art und Weise, die ich zuvor noch nie erlebt hatte. Und so kam, was kommen musste, ich verliebte mich doch in ihn. Wir konnten kaum mehr ohne einander sein. Entweder kam er nach München, oder ich flog nach Dubai. Oder wir verabredeten uns auf irgendeinem Flughafen, auf dem wir beide während irgendwelcher Geschäftsreisen zwischenlanden mussten.

Anfänglich kam ich mir seltsam und verrucht vor, mich für ein paar Stunden mit einem Mann in einem Hotelzimmer einzubuchen. Ich fragte mich, ob mich die Mitarbeiter des Hotels für eine Prostituierte halten würden. Doch die Scham wurde durch die Schmetterlinge im Bauch einfach zur Seite geschoben. Ich wollte ihm nah sein und dafür nahm ich beinahe alles in Kauf.

Wir telefonierten mehrmals am Tag und oft stundenlang. Meine Art, mich im Spiegel anzusehen, veränderte sich. Plötzlich fing auch ich an, mich wirklich sexy zu finden. Seine Liebe für mich hatte sich auf meine Liebe für mich übertragen. Alles schien perfekt.

Bis einige Monate später herauskam, dass er gar nicht getrennt lebend und seine Frau sehr wohl noch in seinem Leben war. Er erzählte mir, dass sie nicht geheiratet hätten, wenn sie nicht schwanger geworden wäre, bla bla blubb. Er erzählte all das, was verheiratete Männer abspulen, wenn sie erwischt werden. Aber egal wie der Sachverhalt war, ich war die Affäre und diese Tatsache gefiel mir ganz und gar nicht. Ich hatte und habe heute noch sehr hohe moralische Vorstellungen und es quälte mich massiv, zu wissen, dass er eigentlich zu einer anderen Frau gehörte. Das Problem war nur, ich war Hals über Kopf verliebt – wie noch nie zuvor in meinem Leben. Und so sehr ich mich auch dagegen zu wehren versuchte, ich kam nicht von ihm weg. Und er auch nicht von mir. Ich glaube, wir beendeten insgesamt vier Mal unter Tränen unsere Beziehung, denn er hatte zwei kleine Kinder, die er nicht im Stich lassen wollte. Das Zünglein an der Waage war seine älteste Tochter aus erster Ehe. Sie lebte auch bei der Familie. Eines Tages schrieb sie Mister X einen herzzerreißenden Brief, in dem sie ihn anflehte, nicht aus ihrem Leben zu verschwinden, nicht aufzugeben, denn die neue Frau wäre wie eine Mutter für sie und sie wollte ihr Zuhause nicht verlieren. Schachmatt. Trotz dieser eindringlichen Bitte, trotz des Flehens seiner Tochter erfanden wir immer wieder neue Szenarien, in denen wir doch eine Chance hatten. Aber mal hatte er Angst, mal war ich unsicher und dann wieder umgekehrt. Letztendlich sagten wir Lebewohl. Doch sobald wir uns auch nur eine Nachricht schickten, miteinander telefonierten oder aneinander dachten, war es um uns beide geschehen. Wir trafen uns erneut und der ganze Spaß ging wieder von vorne los. Wir fielen uns in die Arme, wissend, dass das falsch war. Wissend, dass wir uns wieder trennen mussten. So sehr ich mich auf das Wiedersehen freute, so sehr füllte sich mein Herz mit Traurigkeit und Schmerz, wenn er ging. Und selbst wenn er noch da war, schaute ich ständig auf die Uhr und zählte die Stunden, die uns noch blieben. Bis jedes Mal aufs Neue der Satz kam *Ich muss los*, sich meine Augen mit Tränen füllten, und er ging. Sterben auf Zeit, nannte ich diese Begegnungen.

2,5 Jahre dauerte es, bis wir einen endgültigen Schlussstrich gezogen haben. Ich fiel in ein so tiefes schwarzes Loch, dass mir selbst das Atmen schwerfiel. Ich hatte schon mal Liebeskummer, aber dieser Zustand war anders. Wir trennten uns ja nicht aufgrund eines Streits oder weil das Feuer erloschen war oder etwas in der Art. Wir liebten uns, aber trennten uns aufgrund schwieriger Lebensumstände. Dieser Schmerz war anders. Ich verlor jegliche Freude am Leben. Insgesamt acht Jahre dauerte es, bis der Schmerz wirklich verarbeitet war und ich erkannte, dass es nicht nur der Verlust meines Geliebten war, der mich so fertig machte. Durch ihn hatte ich begonnen, mich selbst zu lieben und jetzt, wo er weg war, hörte ich plötzlich wieder auf damit. Mir fehlte somit nicht nur seine Liebe, sondern auch meine, und das quälte mich auf eine grausame Weise. Ich war mittlerweile Anfang 30 und schlug mir wie mit Anfang 20 wieder die Nächte um die Ohren. Ich feierte, trank, reiste und versuchte, mich mit allem abzulenken, was mir einfiel. Aber nichts half. Diese Leere in mir ließ sich einfach nicht füllen. Auf eine gewisse Art verlor ich mich selbst Stück für Stück, obwohl ich mich doch gerade erst gefunden hatte. Und über all die Zeit hinweg immer der Blick aufs Handy in der Hoffnung, dass er schrieb. Sich wieder meldete. Dass ich es doch wert war, geliebt zu werden. Dass ich es wert war, dass er seine Frau für mich verließ. Es kam nichts mehr, nie wieder, und im Nachhinein bin ich sehr dankbar dafür, denn ohne diesen tiefen Schmerz wäre mein Weg anders verlaufen. Ohne die Tatsache, dass ich einen verheirateten Mann liebte, hätte ich meine Strenge und meine hohen Ansprüche anderen Frauen und generell Menschen gegenüber nicht aufgegeben. Ich, Frau Moralapostel, war nämlich keinen Deut besser und das Erkennen dieser Tatsache, dass Liebe keine Grenzen kennt, war wichtig für mich. Ohne diese Verzweiflung hätte ich nicht nach jedem Strohhalm gegriffen, den ich finden konnte. Und ich hätte nicht acht Jahre später meinen jetzigen Mann getroffen, der mein Seelenverwandter ist. Doch in diesen acht langen Jahren war mein Weg nicht nur steinig, sondern auch mit vielen Hürden und Erkenntnissen gepflastert. Es war nicht Mister X, den ich verlor. Ich verlor mich selbst. Mein Lachen und meine Lebensfreude.

Zum ersten Mal in meinem Leben ging es um mich. Nicht um die Arbeit, nicht um den Erfolg, nicht um die Verantwortung, die ich mir selbst aufgeladen hatte. Es ging um Liebe und Freude. Mein Leben mit ihm hatte sich plötzlich so leicht, bunt und magisch angefühlt.

Jetzt wurde es mir wieder genommen. Zuvor kannte ich diese Gefühle nicht wirklich, also fehlten sie mir nicht. Jetzt hatte ich aber von dem süßen Honig gekostet und ich wollte mehr davon. Was ich nicht verstand, war, dass der süße Honig nicht er, sondern die Selbstliebe war, die mir all meine Schwere genommen und mir gezeigt hatte, wie es ist, mich an erste Stelle zu setzen. Mich zu lieben und Liebe wirklich zuzulassen.

WARUM LIEBE NUR MIT SELBSTLIEBE BEGINNEN KANN

Das Leben leben wir vorwärts, aber verstehen können wir es nur rückblickend. Mit Sicherheit hast du Liebeskummer und Herzschmerz auch schon erlebt. Jedes Mal denken wir: Das wars jetzt, ich werde nie wieder so intensiv lieben. In den meisten Fällen werden wir glücklicherweise eines Besseren belehrt, oder?

Ich habe dir meine Liebesgeschichten erzählt, weil ich rückblickend verstehe, warum keiner dieser Männer der richtige für mich sein konnte. Vielleicht richtig für die Zeit, denn ich hatte aus den Beziehungen viel für mich und mein Leben gelernt, aber eben nicht der Mann fürs Leben. Der Richtige hatte absolut keine Chance, in mein Leben zu treten. Eine Beziehung bedeutet Verantwortung und diese wollte ich unbewusst nicht tragen. Zwar hatte Mister X in mir die Selbstliebe aktiviert, aber da sie von außen aktiviert wurde, wurde sie auch mit seinem Fortgehen wieder deaktiviert. Wir ziehen immer das an, was wir tief in uns glauben und was wir für wahr halten. Das Problem dabei ist nur, dass wir oft gar nicht wirklich wissen, wie es genau in unserem Inneren aussieht. Weil wir uns auch zu wenig mit unseren Werten, Vorstellungen, Standards auseinandersetzen. Und somit gar nicht erkennen und wissen, was wir eigentlich wollen.

Prägungen, Einflüsse, Glaubenssätze. All das bestimmt unser Handeln und unser Energiefeld, also das, was wir anziehen. Ich hatte nie glückliche Beziehungen vorgelebt bekommen. Ich hatte keine wirkliche Liebe von meinem Vater erhalten und mein Bruder konnte seine Liebe nur schwer zeigen. Tief in mir waren zudem die beiden Glaubenssätze verankert *Ich bin nicht gut genug* und *Ich gehöre nicht hierher*. Kann man einen Menschen wirklich lieben, der nicht gut genug ist und nicht hierher gehört? Andere vielleicht, aber ich konnte es nicht. Wie genau hätte ich also jemanden anziehen und vor allem in mein Leben lassen sollen, der mich aufrichtig liebt und bereit ist, auch Verantwortung zu übernehmen und eine richtige Beziehung mit mir einzugehen?

Jetzt kommt etwas, das dich vielleicht schockieren wird. Aus meiner Erfahrung ist all das, was dir deine vergangenen und auch aktuellen Partnerinnen beziehungsweise Partner nicht geben, ein Mangel in dir, destruktive und missbräuchliche Beziehungen ausgenommen. Das ist ein ganz anderes Thema, bei dem wir nicht von Mangel sprechen können. Schätzt dich dein Partner oder deine Partnerin nicht genug, liegt es möglicherweise daran, dass du dich selbst nicht genug schätzt und daher akzeptierst, dass du nicht immer gut behandelt wirst. Liebte er oder sie dich nicht genug, dann liebst du dich womöglich selbst nicht genug. Immerhin akzeptierst du eine Partnerschaft unterhalb deiner Standards. Will jemand keine Verantwortung übernehmen, will aller Wahrscheinlichkeit nach ein Anteil in dir keine Verantwortung übernehmen. Diese Liste kann ich noch ewig weiterführen. Fühle einmal ganz tief in dich hinein. Was hat dir damals und heute gefehlt, was stört dich? Die Veränderung liegt in dir. Wenn du diesen Mangel, diese Prägung und den Glaubenssatz dazu in dir findest und veränderst, dann verändert sich auch deine Partnerschaft. Und wenn du Single bist, wirst du merken, dass ganz andere Personen in dein Leben kommen. Der erste und entscheidende Schritt für die Auflösung und Veränderung ist Akzeptanz und Selbstliebe. Ohne sie ist kaum eine Veränderung möglich.

Selbstliebe ist für unser Wohlbefinden und unsere psychische Gesundheit von entscheidender Bedeutung. Hier sind einige Gründe, warum du heute damit beginnen darfst, dich selbst an erste Stelle zu setzen:

1. **Gesundheit und Wohlbefinden**
   Selbstliebe trägt dazu bei, Stress zu reduzieren und das allgemeine Wohlbefinden zu steigern. Menschen, die sich selbst lieben, neigen dazu, weniger anfällig für psychische Gesundheitsprobleme wie Depressionen und Angstzustände zu sein.

   ✳ *Mein Glaubenssatz heute lautet: **Ich darf Selbstliebe zu meiner Priorität machen.***

Dein Glaubenssatz:

....

....

....

....

2. Selbstwertgefühl

Selbstliebe stärkt das Selbstwertgefühl und das Selbstvertrauen.
Wenn du dich selbst liebst, ist das Vertrauen in deine Fähigkeiten größer, du hast ein positiveres Selbstbild.

✳ *Mein Glaubenssatz heute lautet:* **Mein Selbstwert ist komplett leistungsunabhängig.**

Dein Glaubenssatz:

....

....

....

....

3. Beziehungen

Selbstliebe ist auch in zwischenmenschlichen Beziehungen
von großer Bedeutung. Menschen, die sich selbst lieben, sind
oft in der Lage, gesündere Beziehungen zu anderen Menschen
aufzubauen, da sie sich selbst respektieren und sich selbst treu
bleiben.

✳ *Mein Glaubenssatz heute lautet:* **Ich bin es wert, geliebt zu sein.**

Dein Glaubenssatz:

....

....

....

....

4. Entscheidungsfindung

Selbstliebe kann helfen, bessere Entscheidungen zu treffen, da sie dazu beiträgt, die eigenen Bedürfnisse und Wünsche klarer zu erkennen. Menschen, die sich selbst lieben, setzen sich eher für ihre eigenen Interessen ein und lassen sich weniger leicht von anderen beeinflussen.

✳ *Mein Glaubenssatz heute lautet:*
Ich habe ein Recht auf meine Bedürfnisse.

Dein Glaubenssatz:

....

....

....

....

5. Resilienz

Selbstliebe fördert die psychische Widerstandsfähigkeit. Menschen, die sich selbst lieben, sind besser in der Lage, schwierige Zeiten und Rückschläge zu bewältigen, da sie sich selbst Unterstützung und Trost geben können.

✳ *Mein Glaubenssatz heute lautet:*
Ich erlaube mir, um Hilfe zu bitten.

Dein Glaubenssatz:

....

....

....

....

6. Selbstpflege

Selbstliebe ermutigt dazu, sich selbst gut zu behandeln und sich um die eigene Gesundheit und das eigene Wohlbefinden zu kümmern. Dies schließt körperliche, geistige und emotionale Selbstpflege mit ein.

✳ *Mein Glaubenssatz heute lautet:* **Ich kümmere mich gut um mich.**
Denn nur wenn ich erfüllt bin, kann ich mich um andere kümmern.

Dein Glaubenssatz:

....

....

....

....

7. **Kreativität und Selbstentfaltung**
   Selbstliebe kann die kreative Entfaltung fördern, da sie Menschen ermutigt, ihre Interessen und Leidenschaften zu verfolgen und sich selbst auszudrücken.

   ✳ *Mein Glaubenssatz heute lautet:* **Ich lebe meine Kreativität aus und gebe ihr Raum in meinem Leben.**

   Dein Glaubenssatz:

....

....

....

....

8. **Lebenszufriedenheit**
   Menschen, die sich selbst lieben, sind in der Regel zufriedener mit ihrem Leben. Sie können die positiven Aspekte des Lebens besser schätzen und mit den Herausforderungen des Lebens gelassener umgehen.

   ✳ *Mein Glaubenssatz heute lautet:* **Es darf leicht sein.**

   Dein Glaubenssatz:

....

....

....

....

Selbstliebe ist also ein Schlüsselaspekt für dein psychisches Wohlbefinden, deine Lebenszufriedenheit und deine Fähigkeit, gesunde Beziehungen aufzubauen und ein erfülltes Leben zu führen. Es ist wichtig, Selbstliebe zu kultivieren und sich selbst mit der gleichen Freundlichkeit und Fürsorge zu behandeln, die wir auch anderen Menschen entgegenbringen. Was ich also finden musste, war nicht ein neuer Partner. Ich musste mich finden und mich aufrichtig lieben lernen. Meine Glaubenssätze verändern und lernen, mich an erste Stelle zu setzen. Auch bei der Selbstliebe ist Dankbarkeit ein tolles Hilfsmittel. Schreibe eine Liste mit all den Dingen und Eigenschaften an dir, für die du dankbar bist. Äußere Faktoren wie deine Lippen, deine Haare, deine Hände, deine Figur und so weiter, aber auch die viel entscheidenderen Faktoren wie deinen Charakter, deine Güte, deine Neugier, deinen Mut, deine Empathie etc.

....

❤ *Schreib jeden einzelnen Punkt auf und lies ihn dann laut vor. Ein Beispiel könnte lauten: Ich bin dankbar für meine Geduld. Oder: Ich bin dankbar für meine Fähigkeit, eine gute Zuhörerin zu sein. Oder: Ich bin dankbar, dass ich mir Zeit nehme, mich um meine Gesundheit zu kümmern. Halte einen Moment inne und spüre in dich hinein. Lass die Dankbarkeit wirklich in dir ankommen. Atme drei Mal tief ein und aus und lächle dabei. Auch hier wirst du eine große Veränderung verspüren, wenn du dieses wunderschöne Ritual in deinen Alltag integrierst und für mindestens 21 Tage machst.*

....

KAPITEL 7

GLAUBE UND DANKBARKEIT

FÜR S

Und plötzlich als der Damm brach,
all die ungeweinten Tränen ihre Freiheit feierten
und meinen Körper überfluteten.

Als die Masken fielen,
die Narben sichtbar wurden
und all die Schlachten sie zu verstecken,
verloren waren.

Als die Wahrheit ihren Tribut verkündete,
den Schein in die Knie zwang
und mich nackt an den Pranger stellte.

Als jedes Davonlaufen unmöglich schien,
weil ich des Rennens zu müde war
und meine blutigen Füße
um Erbarmen flehten.

Als ich verstand, dass Liebe
nur mit bedingungsloser Selbstliebe
beginnen kann
und meine Seele aufatmete,
wie ein nach Luft ringender Ertrinkender
im Meer der Verzweifelten und Verlorenen.

Erst dann begann das Leben.
Offenen Auges,
offenen Herzens,
geheilter Seele.

MEIN WEG IN DIE SPIRITUALITÄT

Entweder ging ich aus, oder ich isolierte mich von allem und jedem. Diese Phasen von Rückzug und gefühlter Welteroberung wechselten sich so natürlich ab wie Ebbe und Flut. Himmelhoch jauchzend, zu Tode betrübt. Ein gesundes Mittelmaß kannte ich nicht mehr. Der Schmerz war mein neuer Begleiter, immer treu an meiner Seite und wie ein schwerer Mantel auf meine Schultern gelegt. Von Tag zu Tag wurde ich fester in der Überzeugung, so eine Liebe nie wieder zu erleben.

Wochen und Monate vergingen, aber anders als einem immer alle versprechen, heilte die Zeit meine Wunden ganz eindeutig nicht. Ich fing an, mich an sie zu gewöhnen. Ich ließ kaum noch Emotionen zu. Weder alte, noch neue. Ich stumpfte innerlich ab. Lebte mein Leben. Fühlte nicht mehr. Ich existierte.

In dieser Zeit der inneren Leere wurde meine Mutter schwer krank. Und da ich Single war, war es nur allzu selbstverständlich, dass ich zu ihr zog und mich um sie kümmerte. In Wahrheit suchte ich ihre Nähe, denn die Leere in mir erstickte mich förmlich. Ich war gerade Anfang 30, ohne Hoffnung und zudem in panischer Sorge um meine Mutter. Alles erschien mir trostlos und traurig.

Eines Nachts hatte ich einen seltsamen Traum, von dem ich ihr direkt am nächsten Morgen erzählte. Ich war in einer Art Schwimmbad, aber es war ein sehr kleiner, komplett weißer Raum. Ich saß alleine am Beckenrand, bis ich eine Frau auf mich zuschwimmen sah. Ich ging wie hypnotisiert auch ins Wasser, das sich ganz warm anfühlte. Plötzlich bemerkte ich, dass ich komplett nackt war. Da ich meinen

Körper nicht sonderlich mochte, löste das ein beklemmendes Gefühl in mir aus. Die Frau war rundlich und hatte graue Haare und ein freundliches Gesicht. Auch sie war nackt. Als ich ihr näher kam, sah ich, dass sie ein Baby in ihren Händen trug. Sie legte es behutsam auf das Wasser und schob es zu mir rüber. Sie sagte: „Es ist an der Zeit, dass du dich nun darum kümmerst." Immer noch in Trance nahm ich das Baby aus dem Wasser und als ich es in meinen Armen hielt, erschreckte ich mich fast zu Tode. Es hatte drei Augen. Ich blickte zu der alten Frau, aber sie war verschwunden und ich wachte auf. Dieser Traum fühlte sich so lebendig und echt an, dass ich tagelang wie paralysiert durch die Gegend lief. Denn ich verstand nicht, was er zu bedeuten hatte.

Einige Monate später rief mich meine Freundin Banu an. Ich hörte sofort, dass sie am Heulen war. Ihr Freund hatte sie kurz vor der gemeinsamen Hochzeit sitzen lassen. Das Drama war groß, der Schmerz saß tief, und ich konnte ihre Verzweiflung nur allzu gut nachfühlen. Ihr gesamtes Leben stehe in Trümmern und sie wisse nicht, was sie tun sollte. Wir trafen uns und sie weinte bitterlich. Ich versuchte, sie so gut es mir gelang zu trösten. Plötzlich fiel mir ein, dass mir ein Bekannter kürzlich von seiner Tante, die eine Art Heilerin sei, erzählt hatte. Auch er hatte eine unschöne Trennung hinter sich. Er erzählte mir, dass seine Tante Jutta seine Rettung gewesen war. Ich rief ihn an und bat ihn um ihre Nummer. Banu war so verzweifelt, dass sie nach jedem Strohhalm griff, also auch nach der Nummer. Etwas nervös tippte sie eine Zahl nach der anderen und nach einem schüchternen *Hallo* verließ sie den Raum und ging zum Telefonieren in den Flur hinaus. Etwa 20 Minuten später kam sie sichtlich verheult zurück und meinte nur: „Die ist krass, ich fahre da nächste Woche für drei Tage hin." Jutta wohnte knapp 3 Stunden von München entfernt. Bis heute verstehe ich nicht, was mich im Augenblick meiner Antwort geritten hatte, aber ohne nachzudenken, sagte ich: „Ich komme mit."

Warum das in diesem Augenblick so überraschend war? Es gab für mich nichts außer meiner Arbeit und nach der Trennung neuerdings die Partys an den Wochenenden, bei denen ich aber auch permanent an die Arbeit dachte und nie wirklich abschalten konnte. Ich war ein krasser Workaholic und ein Kontrollfreak obendrein. Ich war in jeden einzelnen Prozess involviert. Ich war geschäftsführende Gesellschafterin von sage und schreibe sieben GmbHs und unfähig, wirklich zu vertrauen. Dieses Misstrauen sorgte dafür, dass ich jede Sekunde meines Tages in Alarmbereitschaft war. Wie ein ungebetener Gast war sie immer da, diese Angst, belogen, betrogen, über den Tisch gezogen zu werden. Und die Konsequenz war: Genau das wurde ich ständig. Belogen und betrogen. Energie folgt Aufmerksamkeit. Ein Satz, den ich mir am liebsten auf die Stirn tätowieren lassen würde, denn er erklärt unser gesamtes Leben. Da wo wir unsere Aufmerksamkeit hinlenken, da kriegen wir unsere Realität gespiegelt. Diese Gleichung basiert auf dem Gesetz der Resonanz.[10] Aber so weit begriff ich das Prinzip von Ursache und Wirkung damals nicht. Jedenfalls: Der Impuls, Banu zu dieser Frau zu begleiten, war größer als meine Angst, die Firma unter der Woche alleine zu lassen. Also fuhren wir.

Die dreistündige Autofahrt redeten wir über ihren Trennungsschmerz. Ich fuhr, Banu saß neben mir, redete unaufhörlich, und spielte dabei eine Schnulze nach der anderen ab. Es schien, als ob sie es genießen würde, sich durch all diese Songs zu quälen und tiefer in ihrer Trauer zu versinken. Während ich ihr und den Liedern zuhörte, merkte ich, dass auch meine Tränen unentwegt liefen. Kilometer um Kilometer stieg die Zahl der Tränen, und hätte ich sie gesammelt, wäre auf meinem Autositz sicher eine kleine Pfütze entstanden. Ich weinte, und gleichzeitig spürte ich mich nicht wirklich. Ich war leer und ausgebrannt. Vielmehr fielen die Tränen mechanisch, angefeuert über meinen Verstand, der durch die traurige Musik und die Erinnerungen an Schmerz und Leid den Befehl erteilte, traurig sein zu müssen.

---

10   Mehr dazu u.a. in: Franckh, Pierre (2008): Das Gesetz der Resonanz.

Ich weinte, weil ich Banus Schmerz mehr fühlte als meinen eigenen. Ich weinte wegen der Erinnerung an meinen Herzschmerz. Wegen all der Trennungen und Verluste. Wegen all der unausgesprochenen Lebewohls, weil das Schicksal gnadenlos zuschlug und keine Zeit für Abschiede blieb. Ich weinte wegen all der gescheiterten Liebesbeziehungen und meiner Resignation. Denn ich glaubte, eine erfüllte Liebesbeziehung sei für mich nicht vorgesehen.

Nach knapp vier Stunden kamen wir endlich an. Das Navigationssystem zeigte auf eine Doppelhaushälfte mitten im Nirgendwo. Das Haus hatte eine rostrote Farbe und war in die Jahre gekommen. Einige Stufen führten zu der massiven Holztür, auf der ein buntes Schild mit der Aufschrift *Willkommen, du schöne Seele* hing. Die Buchstaben waren mit Wasserfarben draufgemalt und kreuz und quer, was meinen Perfektionismus massiv störte. Wie kann man nur so schief schreiben, dachte ich mir. Kleine Holz- und Keramikfiguren schmückten zudem den Eingangsbereich vor dem Fußabstreifer. Du meine Güte, wo bin ich nur gelandet, war mein erster Gedanke, als Banu und ich die Stufen hinaufgingen und sie klingelte. Wenige Sekunden später öffnete uns eine Frau die Tür. Sie war Anfang 50, rundlich, hatte graue Locken und das liebste Lächeln, das ich je gesehen habe. Es roch nach Tee und warmen Keksen aus dem Haus und für eine Sekunde hatte ich das Gefühl, die Weihnachtsfrau selbst stünde vor mir. Doch diesem Gedanken ließ ich wenig Raum, denn Euphorie und Emotionen waren seit der Trennung von Mister X keine Wegbegleiter von mir. Ihren Platz hatten meine zwei neuen Freundinnen Lethargie und Melancholie eingenommen und sie wichen, wie es gute Freunde nun mal tun, nicht von meiner Seite.

Wir betraten das Wohnzimmer, das komplett durcheinander war. An jeder Ecke stand ein anderer Gegenstand, super viele kitschige Figuren, alte Zeitschriften, Bücher, Platten. In diesem Getümmel jagten sich zudem ihre schwarze Katze und ihr kleiner brauner Hund und warfen ziemlich viele Gegenstände um. Jutta lachte nur und sagte: „Die Zwei!" Ich musste in mir den Drang, alles aufzuräumen und die Wohnung einmal ordentlich zu putzen, vehement unterdrücken. Jutta führte uns zu ihrem großen Schreibtisch, der vor ihrem Wintergarten platziert war. Ihr Schreibtisch sah genauso aus wie das restliche Haus. Voll beladen und unaufgeräumt. Sie schenkte uns Kräutertee in zwei unterschiedliche Tassen ein. Meine war gelb und hatte oben einen Sprung. Banus Tasse war aus Keramik und handbemalt. Genauso bunt und schief wie das Schild an der Tür, dachte ich.

Jutta zog unter einem Bücherstapel einen Zettel hervor und unter einem anderen Stapel Papier fand sie nach ewigem Suchen ihre Brille. Banu und ich blickten uns an und ich wusste, sie denkt genau das Gleiche wie ich. Puh, wie kann man nur in so einem Chaos leben? Jutta schnappte sich einen der vielen Stifte, die wild auf dem Tisch verbreitet lagen und lehnte sich schwerfällig auf ihren Stuhl zurück. Sie schaute uns an und lächelte. Mehr tat sie nicht. Sie schaute uns nur an und ich merkte, wie mich alleine ihr Blick nervös machte. Sag doch endlich was, verdammt, dachte ich mir, aber Jutta verzog einige Minuten lang keine einzige Miene. Nach einer halben Ewigkeit schaute sie Banu an und sagte: „Warum du da bist, weiß ich." Sie wandte ihren Blick in meine Richtung und fragte: „Aber warum bist du hier?" „Keine Ahnung", sagte ich desinteressiert und schaute auf den Boden. „Na dann", sagte sie lächelnd, wandte sich Banu zu und stellte ihr einige Fragen. Ich saß einfach nur da, schweigend und in Gedanken versunken. Warum zur Hölle war ich mitgegangen? Ich wusste es nicht, aber irgendetwas in mir hatte mich dazu getrieben. Ich spielte immer wieder mit dem Gedanken, einfach aufzustehen und wieder zu gehen. Doch irgendwie blieb ich wie festgeklebt auf diesem unbequemen Holzstuhl im Haus der Weihnachtsfrau mitten im Nirgendwo sitzen. Nach einiger Zeit sagte sie, dass wir morgen früh wieder kommen sollten. Sie gab Banu einige Hausaufgaben mit. Mir klopfte sie nur sanft auf die Schulter und sagte, dass mir vielleicht morgen einfällt, warum ich hier sei. Sie lächelte dabei auf eine Art und Weise, als wüsste sie etwas, was ich nicht weiß. Etwas genervt gingen wir ins Hotelzimmer, bestellten über den Room-Service etwas zu essen und schliefen kurz danach ein.

„Neuer Tag, neues Glück", sagte Banu und weckte mich am nächsten Tag. „Juheee", rief ich zynisch und wir machten uns fertig und auf den Weg. Gleiches Spiel wie gestern. Jutta öffnete uns gut gelaunt die Tür, platzierte uns an ihrem unaufgeräumten Schreibtisch und schenkte uns Tee ein. Dieses Mal bekam ich eine Tasse mit einer Katze und dem Spruch *Zuhause ist, wo meine Katze schnurrt* darauf. Wow, wird ja immer besser, dachte ich. „Und weißt du heute, warum du hier bist?" „Nö", sagte ich etwas kühler als gewollt und nippte an meinem Tee.

Sie begann, mit Banu zu reden und ich weiß nicht mehr genau, wie und was passierte, aber es war, als ob mir jemand plötzlich auf den Hinterkopf schlagen und dadurch meine Erinnerung reaktivieren würde. Ich kippte fast den Tee aus meiner Hand, weil sich die Worte so schnell in meinem Kopf gebildet hatten und ausgesprochen werden wollten, dass ich einen Satz nach oben machte. „Ich habe von dir geträumt", brüllte ich fast schon und starrte Jutta entsetzt an. „Ich weiß, hat lange gedauert, bis du dem Ruf gefolgt bist", antwortete sie. Ich verstand die Welt nicht mehr. Was genau hatte das zu bedeuten? Welches Rufen? Woher wusste sie von meinem Traum? Was passierte hier gerade? Banu schaute verwundert zu mir herüber, denn sie spürte meine Unruhe. Ich rutschte wie ein kleines Mädchen auf dem Stuhl hin und her. „Sie ist die alte Frau aus meinem Traum mit dem Baby", stotterte ich in Richtung Banu und gestikulierte dabei wild hin und her, als ob diese Tatsache ohne meine hektischen Bewegungen nicht schon dramatisch und unerklärlich genug gewesen wäre. „Waaaaassss?", rief Banu und griff erschrocken nach meiner Hand. Dabei schmiss sie ihre Tasse um. Der heiße Tee lief wie ein kleiner Fluss über den Holztisch und färbte die vielen Zettel und Zeitungen braun.

Ich hatte auch ihr von der Frau, dem Pool und dem Baby mit den drei Augen berichtet. Etwas benommen saßen wir nun beide da und schauten Jutta fragend an, die nur regungslos dasaß und lächelte. Um den ausgelaufenen Tee und die nassen Zettel auf dem Tisch kümmerte sich keiner von uns dreien. „Was hat das alles zu bedeuten?", fragte ich und brach das erdrückende Schweigen, das sich wie eine Mauer zwischen uns hochgezogen hatte. „Alles zu seiner Zeit", sagte sie, kam zu mir herüber, klopfte auf meine Beine und meine Knie und als ob sie einen magischen Knopf gedrückt hätte, löste das einen tiefen Schmerz in mir aus und ich begann bitterlich zu weinen. Nicht wie auf der Fahrt, als die Tränen nur mechanisch flossen. Ich spürte jede einzelne Träne.

Jede einzelne erzählte ihre eigene Geschichte, als sie über meine Wangen floss. Erinnerte an ein Ereignis und es war, als würde ich all meine Schmerzen erneut erleben. In Zeitlupe, bewusst, mit allen Sinnen. Jede Szene war lebendig und ich erinnerte mich nicht nur an die Bilder, sondern an die Geräusche, die Gerüche und auch an die Gefühle. Ich nahm nichts mehr von dem Raum wahr, weder den Stuhl, auf dem ich saß, noch Banu oder Jutta.

All das war verschwunden. Es gab nur mich und diese schwarze Leinwand, auf der sich mein Leben abspielte, die alte Wunden aufriss, Bilder hochholte aus tief vergrabenen Truhen. Ich war machtlos, regungslos, ohnmächtig. Ich habe absolut keine Ahnung, wie lange ich da saß und bitterlich heulte. Es fühlte sich an wie Tage, aber ich glaube, es waren nur Stunden. Irgendwann war jedenfalls die schwarze Leinwand verschwunden und ich war zurück in dem Raum, auf dem Stuhl, im Haus im Nirgendwo. Jutta nahm mich an die Hand und zog mich in einen Raum mit einer Liege. Sie sagte, sie müsse mich jetzt erstmal aufladen und ich solle mich hinlegen. Ich war zu erschöpft, um Widerstand zu leisten, und gehorchte. Frau Kontrollfreak out of control. Eine ganz neue Erfahrung für mich. Ich erfuhr, dass das, was sie da mit mir auf der Liege machte, Reiki[11] hieß, aber alles, was ich davon noch weiß, ist, dass ich eingeschlafen bin und von einem wunderschönen Regenbogen träumte.

Als ich aufwachte, führte mich Jutta zurück zum Schreibtisch. „Wo ist Banu?", wollte ich wissen. „Sie wird gerade von meinem Mann behandelt", sagte Jutta und reichte mir ein großes blaues Buch. Trotz der positiven Erfahrung war ich immer noch skeptisch. Ich empfand mich als eher nüchtern. Zwar hatte ich als Kind sehr oft realistische Träume und spielte häufig mit meinen magischen Freundinnen und Freunden, aber die erwachsene Saina war anders. Alles, was ich sehen und anfassen konnte, existierte. Alles andere waren für mich nur Hirngespinste, denen ich keine Beachtung schenkte. Ich versuchte selbst in so einer Situation, alles mit Logik zu erklären. Wie hatte sie das bloß geschafft, sich in meinen Traum zu schleichen? Warum war ich hier? Steckte Banu da mit drin? Wie hatte sie mich so schnell zum Weinen gebracht? Ehrlicherweise hatte ich für einen kurzen Augenblick das Gefühl, verrückt zu werden. Jutta sah wohl das Gedankenkarussell in meinem Kopf. „Lies", sagte sie. Ich realisierte wieder das vorhin überreichte blaue Buch. Auf dem Cover war ein kleiner Engel gemalt, mit dem Titel: Ich bin das Licht! *Die kleine Seele spricht mit Gott: eine Parabel für Kinder nach dem Buch "Gespräche mit Gott" von Neale Donald Walsch*[12]. Hui, dachte ich. Mein Verhältnis zu Gott war nicht gerade das Beste. Wie sollte es auch, sah ich doch die ganze Schuld bei ihm. Er hatte mir meinen

---

11   Der Begriff Reiki setzt sich aus den japanischen Worten „rei" (so viel wie „Seele, Geist") und „ki" (die individuelle Lebensenergie oder -kraft) zusammen. Gemeinsam bilden sie das japanische Reiki-Symbol. Reiki ist eine therapeutische Energiearbeit, die auf körperlicher, geistiger und spiritueller Ebene wirkt.
12   Walsch, Neale Donald (1999): Ich bin das Licht. Die kleine Seele spricht mit Gott.

Vater genommen, mich all das Leid ertragen lassen, mich von meiner Liebe getrennt und zudem meine Mutter krank gemacht. Wie sollte ich da ein gutes Verhältnis haben? Jemand musste ja schuld an dem ganzen Elend sein, also übertrug ich sie ihm. Etwas widerwillig schlug ich das Buch auf und las:

„Einmal, vor zeitloser Zeit, da war eine kleine Seele, die sagte zu Gott: „Ich weiß, wer ich bin!" Und Gott antwortete: „Oh, das ist ja wunderbar! Wer bist du denn?" Die kleine Seele rief: „Ich bin das Licht!" Und auf Gottes Gesicht erstrahlte das schönste Lächeln. „Du hast recht", bestätigte er, „du bist das Licht!" Da war die kleine Seele überglücklich, denn sie hatte genau das entdeckt, was alle Seelen im Himmelreich herausfinden wollen. „Hey", sagte die kleine Seele, „das ist ja Klasse!" Doch bald genügte es der kleinen Seele nicht mehr, zu wissen, wer sie war. Sie wurde unruhig, ganz tief drinnen, und wollte nun sein, wer sie war. So ging sie wieder zu Gott. Es ist übrigens keine schlechte Idee, sich an Gott zu wenden, wenn man das sein möchte, was man eigentlich ist. Sie sagte: „Hallo Gott! Nun, da ich weiß, wer ich bin, könnte ich es nicht auch sein?" Und Gott antwortete der kleinen Seele: „Du meinst, dass du sein willst, was du schon längst bist?" „Also", sprach die kleine Seele, „es ist schon ein Unterschied, ob ich nur weiß, wer ich bin, oder ob ich es auch wirklich bin. Ich möchte fühlen, wie es ist, das Licht zu sein!" „Aber du bist doch das Licht", wiederholte Gott, und er lächelte wieder.

Doch die kleine Seele jammerte: „Ja, aber ich möchte doch wissen, wie es sich anfühlt, das Licht zu sein!" Gott schmunzelte: „Nun, das hätte ich mir denken können. Du warst schon immer recht abenteuerlustig. Es gibt da nur eine Sache ...", und Gottes Gesicht wurde ernst. „Was denn?" fragte die kleine Seele. „Nun. Es gibt nichts anderes als Licht. Weißt du, ich habe nichts anderes erschaffen als das, was du bist. Und deshalb wird es nicht so einfach für dich, zu werden, wer du bist. Denn es gibt nichts, das nicht so ist wie du." „Wie?" fragte die kleine Seele und war ziemlich verwirrt. „Stell es dir so vor", begann Gott, „du bist wie der Schein einer Kerze in der Sonne. Das ist auch richtig so. Und neben dir gibt es noch viele Millionen Kerzen, die gemeinsam die Sonne bilden. Doch die Sonne wäre nicht die Sonne, wenn du fehlen würdest.

Schon mit einer Kerze weniger wäre die Sonne nicht mehr die Sonne,
denn sie könnte nicht mehr ganz so hell strahlen. Die große Frage ist
also: Wie kannst du herausfinden, dass du Licht bist, wenn du überall
von Licht umgeben bist?" Da sagte die kleine Seele frech: „Du bist doch
Gott! Überlege dir halt etwas!" „Du hast recht!", sagte Gott und lächelte
wieder. „Und mir ist auch schon etwas eingefallen. Da du Licht bist und
dich nicht erkennen kannst, wenn du nur von Licht umgeben bist, werden wir dich einfach mit Dunkelheit umhüllen." „Was ist denn Dunkelheit?", fragte die kleine Seele. Gott antwortete: „Die Dunkelheit ist das,
was du nicht bist." „Werde ich Angst davor haben?", rief die kleine Seele.
„Nur, wenn du Angst haben willst", antwortete Gott. „Es gibt überhaupt
nichts, wovor du dich fürchten müsstest, es sei denn, du willst dich
fürchten. Weißt du, die ganze Angst denken wir uns nur selbst aus."
„Oh!", die kleine Seele nickte verständig und fühlte sich gleich wieder
besser. Dann erklärte Gott, dass oft erst das Gegenteil von dem erscheinen müsse, was man erfahren wolle. „Das ist ein großes Geschenk",
sagte Gott, „denn ohne das Gegenteil könntest du nie erfahren, wie
etwas wirklich ist. Du würdest Wärme nicht ohne Kälte erkennen, oben
nicht ohne unten, schnell nicht ohne langsam. Du könntest rechts nicht
ohne links erkennen, hier nicht ohne dort und jetzt nicht ohne später.
Und wenn du von Dunkelheit umgeben bist", schloss Gott ab, „dann
balle nicht deine Faust, und erhebe nicht deine Stimme, um die Dunkelheit zu verwünschen. Sei lieber ein Licht in der Dunkelheit, statt dich
über sie zu ärgern. Dann wirst du wirklich wissen, wer du bist, und
alle anderen werden es auch wissen. Lass dein Licht scheinen, damit
die anderen sehen können, dass du etwas Besonderes bist." „Meinst du
wirklich, es ist in Ordnung, wenn die anderen sehen können, dass ich
etwas Besonderes bin?" „Natürlich!" Gott lächelte. „Es ist sogar sehr in
Ordnung. Doch denke immer daran: Etwas Besonderes zu sein, heißt
nicht ‚besser' zu sein. Jeder ist etwas Besonderes, jeder auf seine Weise.
Doch die meisten haben das vergessen. Erst wenn sie merken, dass es
für dich in Ordnung ist, etwas Besonderes zu sein, werden sie begreifen,
dass es auch für sie in Ordnung ist."

Ich las weiter in dem Kinderbuch, das insgesamt nur 32 Seiten hat.
Die kleine Seele verabredet sich mit anderen Seelen, um verschiede-

ne Erfahrungen auf der Erde zu machen. Ich las und mit jeder weiteren Zeile verstand ich mehr.

Jeder Schmerz, jede Trauer, jede Situation war eine Erfahrung und es lag an mir, sie als solche zu durchleben, anzuerkennen und abzulegen. Ich konnte bestimmen, ob ich in der Emotion verhaftet bleiben oder mich wieder dem Licht, also dem Positiven, zuwenden wollte. Der Schlüssel war Glaube und Dankbarkeit.

Dankbarkeit, all diese Erfahrungen machen zu dürfen. Dankbarkeit, genug Stärke und Mut zu haben, weiterzugehen, weiterzumachen.

Gedankenversunken, benommen und müde schaute ich Jutta an und fragte: „Warum bin ich hier?" „Weil unsere Seelen sich verabredet haben, damit ich dich daran erinnern kann, dass du das Licht bist."

Der letzte Tag bei Jutta verlief anders. Ich war da, mit allen Sinnen, verletzlich, aufmerksam, unsicher. Sie erklärte mir, was mein Traum zu bedeuten hatte. Das Baby mit den drei Augen war ich selbst. Sie sagte, dass ich mich durch all diese Schicksalsschläge mehr und mehr von mir selbst entfernt habe. Sie sagte, das dritte Auge stehe für unser Bewusstsein, es werde auch geistiges Auge, inneres Auge, Auge der Erleuchtung, Auge des Bewusstseins genannt.

Wir Menschen seien alle miteinander verbunden und unsere Begegnung sei kein Zufall. Meine Seele hätte um Hilfe geschrien und daher sei sie mir im Traum erschienen. Durch das Klopfen habe sie meinen um mich gebauten Panzer gelöst, damit die Tränen endlich fließen und die Emotionen befreit werden konnten. Sie sagte, ich habe diesen schweren Panzer als Schutz um mich herum gebaut. Mit jedem Leiden habe ich mich mehr isoliert, Schicht um Schicht auf mich geladen, den Panzer verstärkt und dicker gemacht. „Doch dieser Panzer schützt dich nicht, er isoliert dich nur. Du bist hier, um Erfahrungen zu machen. Du musst deine Gefühle zulassen, durchleben und gegebenenfalls transformieren. Dich nur abzuschotten, lässt dich innerlich leer und einsam werden. Vergiss nicht, du bist das Licht, also lerne, das Licht zu sein, mit allen Konsequenzen. Lebe, fühle, leuchte."

Bis heute weiß ich nicht, wie ich all das deuten soll. Wie es sein kann, dass ich von einem Menschen geträumt habe, den ich nie zuvor gesehen hatte und der mir dann einige Monate später tatsächlich begegnet ist? Für mich war das schwer zu begreifen, denn ich war weder ein gläubiger noch ein spiritueller Mensch. Ich wusste nicht einmal, was beides genau bedeutete und wie sich Glaube oder Spiritualität anfühlen oder praktiziert werden. Doch die Begegnung mit Jutta hallte nach. Sie hatte meinen Panzer geknackt und meinen verletzlichen Kern hervorgeholt. Sie hatte all die Truhen, die ich als Kind tief in meinem Inneren begraben hatte, geöffnet, damit ich hinsehe und dadurch heilen konnte. Sie hatte mich tief im Herzen berührt und Spuren hinterlassen, die ich nicht einfach wegwischen konnte, um zu meinem Alltag zurückzukehren. Wir blieben in Kontakt und ich fing an, mich mehr und mehr mit mir zu beschäftigen.

Ich spürte eine Veränderung in mir. Ich war weicher und sensibler. Ich nahm viel mehr wahr. Kleinigkeiten wie den Flügelschlag eines Schmetterlings, die Art, wie Menschen auf der Straße gingen, ich lauschte Gesprächen am Nachbartisch. Ich sah plötzlich die Schönheit der Welt, die sich in abertausend Kleinigkeiten widerspiegelt: eine kleine Blüte,

die sich ihren Weg durch das Kopfsteinpflaster gebahnt hatte und nun dort gedeiht.

Ich ging durch die Straßen - mit offenen Augen, neugierigen Ohren, und spürte die unendliche Weite meines Herzens. Nicht wie sonst übertönte ich den Lärm der Welt mit lauter Musik über meine Kopfhörer. Ich öffnete mich den Geräuschen und Gerüchen der Erde und bemerkte, wie viel mir die Natur zu sagen hatte, wie viel Ruhe ich in ihr fand. Ich nahm Melodien wahr, wie das Rauschen des Windes, oder das Summen von Bienen. Ich sah leuchtende Kinderaugen beim Spielen, an denen ich früher einfach nur vorbeigelaufen wäre. Ich sah die Erfahrungen und Geschichten in den Falten alter Menschen, wenn sie mir im Bus gegenübersaßen und in ihren Erinnerungen versunken aus dem Fenster blickten.

Ich besuchte unterschiedliche Seminare, las etliche Bücher, schaute Filme zum Thema Bewusstseinserweiterung, Manifestation, Dankbarkeitsarbeit. Von Tag zu Tag begriff ich mehr, dass ich selbst das Drehbuch meines Lebens schreibe und ich alleine die Macht besitze, meine Realität zu bestimmen. Eines Tages fiel mir dann das Buch *Mögest du glücklich sein* von Laura Malina Seiler in die Hände und ich verschlang es förmlich. Es war für mich eine Zusammenfassung all der Dinge, Lehren und Weisheiten, die ich in den letzten Monaten erfahren und gelernt hatte. Ich hatte das Gefühl, dass sich nun mein Schicksal zum Positiven wenden würde, dass ICH mein Schicksal zum Positiven wenden würde. Damals hätte ich mir aber nicht einmal im Traum vorgestellt, dass ich Jahre später mein Buch in ihrem Verlag herausbringen würde. Das Leben verstehen wir nun mal nur rückblickend ☺. Vielleicht macht aber genau diese Tatsache auch unser Leben aus.

WARUM GLAUBE UND DANKBARKEITSARBEIT DER SCHLÜSSEL ZUM GLÜCK SIND

Glaube und Dankbarkeit sind wichtige emotionale und spirituelle Konzepte, die in verschiedenen Kontexten und Kulturen eine bedeutende Rolle spielen. Bevor ich auf ihren Einfluss und ihre Integration in mein Leben eingehe, möchte ich hier im ersten Schritt ihre allgemeinen Bedeutungen aufführen:

Glaube:
Der Glaube bezieht sich auf das tiefe Vertrauen oder die feste Überzeugung in etwas, das oft jenseits der unmittelbaren Wahrnehmung oder des Beweises liegt. Glaube kann auf verschiedene Weisen interpretiert werden:

1. **Religiöser Glaube:** In vielen Religionen ist der Glaube das zentrale Element. Er beinhaltet die Überzeugung an die Existenz einer höheren Macht oder eines Gottes sowie die Einhaltung religiöser Lehren und Praktiken.

2. **Glaube an sich selbst:** An sich selbst zu glauben bedeutet, Vertrauen in die eigenen Fähigkeiten zu haben und davon überzeugt zu sein, dass man in der Lage ist, Herausforderungen zu bewältigen und Ziele zu erreichen.

3. **Glaube an andere Menschen:** Dies bedeutet, Vertrauen in die Integrität, Ehrlichkeit und Fähigkeiten anderer Menschen zu haben.

4. **Spiritueller Glaube:** Ein spiritueller Glaube beinhaltet die Suche nach Bedeutung und Zweck im Leben sowie das Gefühl einer tiefen Verbindung zur Welt und den Mitmenschen.

Glaube kann in verschiedenen Formen auftreten und spielt eine wichtige Rolle bei der Bewältigung von Unsicherheit, Angst und der Suche nach Sinn im Leben.

Dankbarkeit:

Dankbarkeit ist ein emotionales Gefühl oder eine Haltung des Danks und der Wertschätzung gegenüber anderen Menschen, dem Leben im Allgemeinen oder einer höheren Macht. Dankbarkeit beinhaltet die Anerkennung der positiven Dinge, die man empfangen hat, und die Bereitschaft, diese Anerkennung zum Ausdruck zu bringen. Die Bedeutung von Dankbarkeit umfasst:

1. **Psychologisches Wohlbefinden:** Dankbarkeit kann das psychische Wohlbefinden verbessern und zu einem positiveren Lebensgefühl führen.

2. **Zwischenmenschliche Beziehungen:** Das Ausdrücken von Dankbarkeit stärkt zwischenmenschliche Beziehungen, indem es Wertschätzung und Respekt zeigt.

3. **Resilienz:** Menschen, die sich regelmäßig in Dankbarkeit üben, können besser mit Stress und Herausforderungen umgehen, da sie sich auf positive Aspekte ihres Lebens konzentrieren.

4. **Spirituelle Dimension:** Dankbarkeit kann auch eine spirituelle Dimension haben, da sie oft mit dem Gefühl der Verbundenheit und Demut vor der Größe des Lebens verbunden ist.

Insgesamt sind Glaube und Dankbarkeit wichtige Aspekte des menschlichen Lebens, die dazu beitragen können, ein tieferes Verständnis für die Welt und die zwischenmenschlichen Beziehungen zu entwickeln und das allgemeine Wohlbefinden zu fördern.

Ich habe lange gebraucht, um Glauben für mich persönlich zu definieren und losgelöst von einem religiösen Kontext zu betrachten. Ich mag die Interpretation bzw. die Instrumentalisierung von Religionen nicht. Wenn man bedenkt, wo ich herkomme, ist das nicht besonders verwunderlich. Doch ich schloss Gott und Religionen zusammen. Ich suchte nach etwas oder jemandem, dem ich die Schuld aufladen konnte. Mit einem Schuldigen lässt es sich leichter leben, denn man kann sich wunderbar in der Opferrolle suhlen. Doch nach dem Besuch bei Jutta verstand ich allmählich, dass ich Gott so interpretieren kann, wie ich es möchte. Ich empfinde den Begriff Gott schwierig. Für mich ist er religiös aufgeladen, das belastete mich lange Zeit. Heute bezeichne ich mich als einen spirituellen Menschen und setze Gott mit dem Universum gleich. Eine höhere Macht, die uns nun mal erschaffen haben muss. So sachlich und pragmatisch ich auch bin: Die Tatsache, dass wir irgendwann irgendwie von irgendjemandem erschaffen wurden, kann auch mein nüchterner Verstand nicht leugnen.

Spiritualität bezeichnet für mich Erfahrungen allumfassender Verbundenheit und Einheit, deren Ursprung in einer Beziehung zu einer transzendenten Wirklichkeit verstanden wird. Also lässt sie sich mit Logik nicht erklären, denn Spiritualität ist eine sinnliche Erfahrung.

Als ich aufhörte, verstehen zu wollen und begann stattdessen, zu fühlen, fand ich Frieden.

Ich versöhnte mich mit Gott, als ich aufhörte, nach einem Schuldigen zu suchen und das Leben als eine Erfahrung wahrzunehmen. Eine Bühne, auf der wir entscheiden, mit welcher Haltung wir auftreten möchten.

Heute heißt Glauben für mich Vertrauen. Vertrauen in die Unbeirrtheit des Universums, seine Gesetzmäßigkeiten und seine Präzision.

Die Natur zeigt es uns Tag für Tag. Alles ist stets im Wandel. Hell und Dunkel, Ebbe und Flut, Sonne und Regen. Ohne das eine könnte es das andere nicht geben. Ohne Leid keine Freude, denn wie könnten wir sonst den Unterschied erkennen?!

Doch trotz des Wissens um die Spielregeln des Universums und meinen Einfluss auf die Gegebenheiten falle ich manchmal noch zurück. Es gibt Tage, da läuft alles schief. Man hält anfänglich noch durch, bleibt positiv, doch eine blöde Sache folgt der anderen und zack, ist man wieder im alten Muster aus Frust, Opferrolle und Schuldzuweisung gefangen. Eine meiner wichtigsten Erfahrungen auf meiner spirituellen Reise war die Erkenntnis, dass schlechte Tage vollkommen okay sind. Es gibt solche und solche Tage und das, was wir lernen dürfen, ist die Tatsache, dass alles vorbeigeht und dass es an uns liegt, welcher Energie wir Raum geben. Frust und Mangel oder Freude und Licht?

Doch wie können wir Frust und Mangel in Freude und Licht umwandeln? Wie schaffen wir es, in eine positive Energie zu kommen?

Der magische Schlüssel heißt DANKBARKEIT. Nichts wandelt Mangel so schnell in Fülle um wie Dankbarkeit. Die Erklärung ist einfach: Wenn wir uns auf das konzentrieren, was wir haben und dankbar sind, schwingen wir automatisch höher und in einer anderen Energie. Wofür bist du dankbar? Selbst die kleinste Kleinigkeit, für die du dankbar bist, wird in dir Freude erzeugen. Am Anfang braucht es Übung. Ich legte mir ein Dankbarkeitstagebuch an, denn ich war zu lange in meinem Leben von Frust und Mangel getrieben. Es hatte sich in mir eingenistet und floss wie Blut durch meine Adern. Tag für Tag schrieb ich jeden Morgen 10 Dinge auf, für die ich dankbar war. Ich stimmte mich positiv auf den Tag ein und verließ erst dann das Haus. Abends zündete ich mir eine Kerze an, schloss die Augen und wählte eine Sache, einen Menschen oder ein Ereignis aus meinem Tag, für das oder für den ich dankbar war. Ich sprach laut das Wort DANKE aus, lächelte und pustete die Kerze aus, bevor ich mich dann schlafen legte. Es dauerte, aber nach und nach merkte ich, wie sich meine Tage positiver gestalteten und ich fröhlicher wurde. Aus Mangel wurde Stück für Stück Fülle.

💜 *Probiere es aus. Leg dir ein Dankbarkeitsbuch zu und versuche dieses Ritual morgens und abends. Wofür bist du dankbar? Es können Kleinigkeiten sein, aber auch die ganz großen Ereignisse. Es können geliebte Menschen sein oder die Tatsache, dass du ein Dach über dem Kopf hast und heute Morgen aufgewacht bist.*

Es gibt für jeden einzelnen von uns Gründe, heute dankbar zu sein. Sei es auch nur die Tatsache, am Leben zu sein. Das eigene Leben ist das größte Wunder, findest du nicht?

Falls dir aber aktuell keine Gründe einfallen, für die du dankbar sein kannst, gebe ich dir hier ein paar Inspirationen:

💜 Ich bin dankbar für mein Leben.
💜 Ich bin dankbar, dass meine Wunden heilen.
💜 Ich bin dankbar, dass ich die Fähigkeit besitze, mein Leben positiv zu verändern.
💜 Ich bin dankbar, dass ich bereit bin zu wachsen (allein, dass du dieses Buch liest, ist der Beweis für deinen Willen zu wachsen).
💜 Ich bin dankbar für meine Familie, meine geliebten Mitmenschen, meine Haustiere.
💜 Ich bin dankbar für das Dach über meinem Kopf.

- ❤ *Ich bin dankbar für mein Essen.*
- ❤ *Ich bin dankbar, dass ich*
  fließendes Wasser habe.
- ❤ *Ich bin dankbar für meinen Verstand*
  und meinen freien Willen.
- ❤ *Ich bin dankbar für die Schönheit*
  der Natur.

Fange mit deiner eigenen Liste an. Du kannst sie Tag für Tag verändern und erweitern.

Sollte dir die Liste anfänglich schwer fallen, beginne einfach mit dem Ritual am Abend.

Wenn du möchtest, zünde eine Kerze an und finde eine einzige Sache, für die du an diesem Tag dankbar bist. Und sei es auch nur die Tatsache, dass der Tag vorbei ist.

KAPITEL 8

STEH AUF UND LEUCHTE

METAMORPHOSE

Schicht für Schicht
lege ich sie ab.
Den Mantel der Wut,
den Hut der Trauer,
die Bluse der Schwere,
den Rock des Schmerzes,
die Schuhe meiner Vergangenheit.
Wie eine Raupe winde ich mich.
Wie ein Küken schlage ich
gegen meine harte Schale,
damit er raus kann,
mein weicher Kern.
Wie eine Knospe
löse ich mich
Blatt für Blatt aus der Enge
und spanne meine Blüten auf.

Saina B.

SO FAND ICH MEIN LEUCHTEN

Einige Monate verstrichen und der Herbst färbte die Blätter gelb, orange und rot. Ich liebe den Herbst. Direkt nach dem Frühling ist er meine Lieblingsjahreszeit. Der Geschmack süßer Melonen weicht langsam und an seine Stelle tritt der Geschmack von Tee und Maronen.

Beruflich ging es weiter steil nach oben. Ich erhielt vom Bürgermeister der Stadt München einen Preis für außergewöhnliche unternehmerische Leistungen und soziales Engagement, denn mit meinem Frauennetzwerk setze ich mich aktiv und intensiv für Frauen ein. Ich wurde als jüngstes Mitglied in die *Hall of Fame* in unserer Branche aufgenommen, quasi ein Ritterschlag in der Event- und Marketingbranche. Ich reiste viel und hatte das Gefühl, die Welt erobern zu können.

Eines Tages swipete ich abends im Bett bei Tinder rum und hatte einen neuen Match. Er war Perser, einige Jahre älter als ich und halbwegs mein Typ. Er hatte auf allen Bildern traurige Augen, was mich irgendwie anzog, weil ich mehr von der Geschichte, die sich hinter der Traurigkeit versteckte, erfahren wollte. Wir schrieben etwas hin und her und verabredeten uns direkt. Unser erstes Date lief super. Wir führten stundenlang intensive Gespräche über Gott und die Welt, also im wahrsten Sinne über Gott, denn er erzählte, dass er früher ein fanatischer Moslem gewesen war und die Welt als einen schrecklichen Ort ansah. Ich erfuhr viel von seiner Kindheit und dem Tag, als seine Mutter ihn einfach mitgenommen und mit ihm in die USA abgehauen war. Er hatte keinen Kontakt zum Vater, weil sie ihm nicht verriet, wo er lebte. Als er 14 war, hatte sie auf ihren eigenen Sohn und seinen Ungehorsam keine Lust mehr und schickte ihn zurück zu seinem Vater nach Deutschland. Der hatte inzwischen eine neue junge Frau und einen Sohn mit ihr.

Als ich von seiner Geschichte erfuhr, wollte ich ihn direkt in den Arm nehmen, weil ich sie so unfassbar traurig fand. Ich erzählte ihm auch von meiner Kindheit und von meiner Haltung zu Religionen, was ihn keineswegs abschreckte. Dass er mal ein Fanatiker war – so bezeichnete er sich selbst – mich leider auch nicht. Er lebte in Berlin und war nur geschäftlich in München. Ich war oft beruflich in Berlin, da ich mit meiner Agentur dort eine Filiale und sogar eine kleine Wohnung hatte. Die Entfernung stellte also kein Hindernis dar. Wir telefonierten viel. Bei unserem zweiten Date in Berlin küsste er mich direkt, als er mich vom Flughafen abholte. Da ich mich in einer Phase befand, in der ich glaubte, das Leben verstanden zu haben, war mir klar: Das muss er jetzt sein. Das Universum hat mir Mr. Right geschickt, den ich heiraten und mit dem ich eine Familie gründen werde. Er ist sogar Perser. Ich war vorher noch nie mit einem Perser zusammen und dachte, dass dies vielleicht direkt noch mehr verbinden würde, schließlich war man in der gleichen Kultur aufgewachsen. Jupp, das musste der Richtige sein. Also beschloss ich: Wir sind jetzt zusammen. Und verhielt mich auch so. All die Warnungen und Red-Flags – ich sah sie einfach nicht. Er meldete sich kaum. An Wochenenden war er oft gar nicht erreichbar, speiste mich nur mit einer kurzen WhatsApp ab und schaltete sein Handy danach wieder aus. Silvester wollte er lieber mit seinem Bruder in Amsterdam feiern als mit mir. Wir waren da gerade mal einen Monat zusammen.

Früher hätte ich sofort das Handtuch geschmissen. Aber jetzt, wo ich mich doch fast schon erleuchtet gefühlt hatte, wollte ich dranbleiben. Das waren sicher nur Prüfungen. Erfahrungen, die ich machen musste. Ich blieb und bildete mir weiterhin ein, eine Beziehung zu haben. Seinen Geburtstag Ende Januar wollte er ursprünglich alleine verbringen. Ich reiste trotzdem nach Berlin. Er holte mich vom Flughafen ab, denn ich war eigentlich auf einer Geschäftsreise in Paris, die ich extra früher beendet hatte, um bei ihm sein zu können. Ich organisierte mein Leben nach seinen Plänen und Launen. Er fuhr mich nach Hause und meinte, er hole mich in zwei Stunden zum Essen ab. „He, wo gehst du denn hin?", fragte ich verwundert.

„Will noch mit meinem Bruder chillen", war seine kühle Antwort. Alles klar. Spätestens dann, wenn ein 45-jähriger Mann vorgibt, mit seinem Bro chillen zu wollen, hätte mir schon alles klar sein müssen. War es nicht. Stattdessen schenkte ich ihm zum Geburtstag eine gemeinsame Reise nach Rom. Rückblickend völlig übertrieben, direkt am Anfang einer Beziehung. Doch durch meine Agentur genoss ich den Luxus, die tollsten Hotels zu vergünstigten Konditionen buchen zu können. Er schien mit dem Geschenk zuerst etwas überfordert, freute sich aber und wollte den Gutschein dann so schnell wie möglich einlösen. Der Abend verlief ganz nett, aber nach dem Essen fuhr er mich nach Hause mit der Ausrede, er wolle seinen Bruder nicht alleine lassen, denn er sei ja zu Besuch bei ihm für eine Woche. Ah, na klar, aber deine Freundin, die nur eine Nacht da ist, lässt du allein – dachte ich, sagte ich aber nicht. Ich akzeptierte schweigend und geknickt. Meine Gedanken und die Sätze, die ich dann wirklich äußerte, gingen in zwei komplett andere Richtungen. Sie kreuzten sich nicht einmal, so verschieden waren sie.

Dann, an meinem Geburtstag eine Woche später, flehte ich ihn förmlich an, nach München zu kommen. Und überraschenderweise kam er sogar. Das musste ein Zeichen sein! Ich lag also doch nicht falsch. Er liebte mich. Ich sah, dass er sich etwas eingeschüchtert fühlte, als er meine kleine Wohnung betrat. Da ich Interior Design schon damals liebte, sah die Einrichtung in meiner Wohnung recht teuer aus. War sie nicht, denn darin liegt ja meine Stärke: gut zu verhandeln und gut zusammenzustellen.

An diesem Abend lernten ihn meine Freundinnen und Freunde kennen. Alle fanden ihn nett. Nicht überschwänglich, aber sie freuten sich, dass ich nach all den Jahren endlich wieder einen Mann an meiner Seite hatte. Die Beziehung zu Mister X war inzwischen über acht Jahre her und bis auf ein paar nette Techtelmechtel war nichts Nennenswertes dabei gewesen.

Es kam, wie es kommen musste: Nach meinem Geburtstag machte er indirekt Schluss. Vielleicht war es auch direkt und ich wollte es einfach nicht kapieren. Per WhatsApp. Wir seien zu verschieden. Er sehe keinen Sinn darin, das Ganze weiterzuführen. Auch ein Telefonat änderte nichts an seiner Meinung. Ich heulte mir die Augen aus. Zwei qualvolle Wochen der Funkstille später hatte ich ein Event in Berlin. Er schrieb mir, er wolle mich sehen. Wir sahen uns und alles tat ihm leid. Er hatte das Gefühl, mir nicht zu genügen. Ich sei eine *krasse Unternehmerin*, habe eine *krasse Wohnung* und er sei nur ein Angestellter. „Du bist mehr als genug", sagte ich und merkte, wie ich mich fast schon für meinen mir super hart erarbeiteten Status schämte. Ich wollte nicht mehr sein als er. Ich wollte einen Partner an meiner Seite.

Wir gaben unserer Beziehung eine zweite Chance. Anfänglich wurde es besser. Er meldete sich immerhin jeden Tag, auch wenn manchmal nur mit einem kurzen *Hallo*. Dann wurde er zunehmend aggressiver und ich fragte sogar einen Freund um Rat. Er erzählte mir von einem Seminar, zu dem ich ihn schicken sollte. Er meinte, da werden alte Muster aufgelöst. Er sei sicher nur so, weil er eine schlimme Kindheit hatte. Und in der Tat hatte er die. Damit entschuldigte ich auch jedes Mal sein Verhalten, denn ich hatte Mitleid mit ihm. Ich ging auf die Seminarseite. Kriegerseminar hieß das Programm, und ich fand es sehr ansprechend und authentisch.

Einige Wochen später flogen wir nach Rom. Die Reise, die ich ihm zum Geburtstag geschenkt hatte. Dort wollte ich ihm vom Seminar erzählen und ihm raten, dorthin zu gehen. Er flog aus Berlin, ich aus München. Schon das Treffen auf dem Flughafen war furchtbar, denn wir fanden uns nicht und er wurde richtig wütend und beschimpfte mich mitten am Flughafen. Alle starrten uns an. Wow, dachte ich, aber hielt die Klappe. Zu schweigen und in mir einzusacken war also mein neues Verhaltensmuster. Auch die nächsten Tage wurden nicht besser. Er machte tausend Fotos, aber kein einziges von uns. Zwischendrin war er für über 45 Minuten unauffindbar, ging nicht ans Handy. Da stand ich also. Mitten in Rom. Alleine. Als ich ihn endlich fand, stand er seelenruhig mit seiner Kamera da und schaute mich nicht mal richtig an. Auf meine Frage, wo er war, kam: „Ich hab Fotos gemacht, siehst du doch. Warum nervst du so hart?" Wenn wir wegen Banalitäten diskutierten, kam immer: „Oh sorry, ich habe nicht wie du studiert." In jeder gemeinsam in Rom verbrachten Minute zerbrach etwas in mir. Hier noch ein Beispiel: Wir bekamen eine Flasche Champagner und Obst aufs Zimmer, weil ich den Hotelmanager gut kannte. Anstatt sich zu freuen, war seine Reaktion nur: „Oh, haben sie dich gegoogelt und gemerkt, wie wichtig du bist? Natürlich kriegt Miss Wichtig Champagner aufs Zimmer. Oder steht der Hotelmanager auf dich?" Oder auch die Szene im Auto: Wir fuhren im Taxi und ich zeigte ihm ein schönes Gebäude, das sich zufälligerweise auf meiner Seite befand, als er plötzlich meinte: „Na toll, sogar im Taxi musst du dir den besten Platz schnappen und das Glück pachten." Ich kam mir vor wie in einem falschen Film. Wie hätte ich denn wissen sollen, welche Seite die bessere ist? Und selbst wenn! Was war sein scheiß Problem? Das hier war doch kein Wettkampf! Das sollte doch unsere erste gemeinsame romantische Reise werden!

Mit jeder seiner verbalen Attacken drehte ich mein Licht etwas runter. Anstatt lauter wurde ich immer leiser. Ich verstand die Welt nicht mehr. Warum passierte mir das gerade? Ich hatte doch verstanden! Ich war doch jetzt bereit für das gute Leben! Jutta hatte mir doch alles erklärt!

Wir standen oben auf dem Capitol und ich erinnere mich genau an diesen einen Augenblick, als er mit seiner Profi-Kamera wieder tausend Fotos machte und ich mein Handy zückte, um auch eins zu machen. Ich erwischte den perfekten Moment. Ein Vogel flog mit weit aufgespannten Flügeln auf eine Engelsstatue zu. Zack, ich hatte diese magische Szene eingefangen. Er nicht. Als er das Foto sah, drehte er völlig durch. „Na klar, du musst sogar bessere Fotos als ich machen. Musst beweisen, wie toll du bist." Er brüllte förmlich und sein ganzer Körper bebte vor Wut und Zorn. Wieder drehte ich das Licht weiter runter. Ich wollte nichts beweisen. Ich machte einfach nur gerne Bilder und ich hatte ein Auge für schöne Dinge. Doch in diesem Moment schämte ich mich. Weil meine Größe ihn eingeschüchtert hatte, fühlte ich mich klein. Welch Ironie, rückblickend betrachtet.

Anstatt mich zu wehren oder die Beziehung zu beenden, suchte ich nach Ausreden für sein Verhalten. Ich überlegte, analysierte und wollte unbedingt zusammenhalten, was nicht zusammen gehörte.

Eine der letzten Szenen, an die ich mich erinnere, war am Flughafen. Wir saßen einfach so da und während er mich beleidigt ignorierte, griff ich zu meinem Handy. Aus Langeweile oder vielleicht auch aus Trotz wollte ich mein vorhin gemachtes Bild auf Instagram posten. Aber mit welchem Spruch? Als ob mir das jemand ins Ohr geflüstert hätte, wählte ich ein Zitat von Khalil Gibran: *When you reach the end of what you should know, you will be at the beginning of what you should sense.*

Ich liebte die Texte und Zitate von ihm. Warum aber war mir gerade dieses in den Sinn gekommen? Ich übersetzte es in meinem Kopf: Wenn ich am Ende dessen angelangt bin, was ich verstehen soll, stehe ich am Anfang dessen, was ich fühlen soll. Aber was sollte ich fühlen? Ich war noch nicht am Ende meiner Gedankenspirale, als sich das Wort SELBSTLIEBE in meinem Kopf bildete. Plötzlich fiel es mir wie Schuppen von den Augen. Natürlich hatte ich verstanden. Ich hatte ganz viel Theorie gelernt, mich mit neuen Themen und Techniken auseinandergesetzt. Ich hatte begriffen, wie das Leben und die Gesetze der Anziehung funktionieren, aber ich hatte eine wichtige Tatsache vergessen: all das zu fühlen und zu implementieren. Es gibt diesen wunderbaren Satz in der Psychologie: *You have to feel it, to heal it.* Ich hatte gelernt, aber nicht umgesetzt. Ich hatte die Veränderung eingeladen, aber ihr nicht die Tür geöffnet. Die Tür zu meinem Herzen. Wie also hätte mein Herz heilen sollen, wenn ich nicht ins Fühlen kam?

Ich beendete die Beziehung einige Tage später. Per WhatsApp. So wie er es damals bei mir gemacht hatte. Ich wusste, am Telefon würde er mich nur wieder klein machen, anschreien und nicht zu Wort kommen lassen. Eigentlich dachte ich, dass er nach meiner Nachricht anrufen und wir nochmal alles klären würden. Tat er nicht. Es kam nur: „Ist wohl besser so. Ich kann dir nicht mehr geben." Einige Monate später bekam ich mit, dass er geheiratet hatte. Entweder gab es die andere Frau schon die ganze Zeit, was vieles erklären würde, oder sie kam und ihr hatte er mehr zu geben. Wie auch immer es war, die Frage war nicht mehr Teil meines Lebens. Ich durfte lernen, mir selbst zu geben, was ich brauchte. Und vor allem: mich zu lieben, mich wirklich zu heilen, und die Veränderung zu fühlen.

Ich buchte das Seminar, von dem mir mein Kumpel erzählt hatte. Das Seminar, zu dem ich eigentlich ihn schicken wollte. Sieben Tage, abgeschottet in einem Bio-Hotel am Land. Sieben Tage, ich ganz allein in einer fremden Gruppe, ohne eine blasse Ahnung davon zu haben, was mich dort erwarten würde.

Bereits zwei Wochen nach der Trennung ging es los. Ich kann mich noch genau an die Situation erinnern, als ich den großen Raum betrat. Auf dem hellen Parkett waren kreuz und quer bunte Matten ausgelegt. Auf jeder Matte lag ein Sitzkissen. Es roch intensiv nach Räucherstäbchen. Mein erster Impuls war, alles zu sortieren, aber ich brachte den Perfektionismus in mir zum Schweigen und setzte mich, mit meiner Wasserflasche bewaffnet, auf eine der bunten Matten. Der Raum füllte sich. Vorne reihten sich die vier Coaches ein. Ich erkannte sie, weil ihre Gesichter auch auf dem Flyer abgedruckt waren, über den ich gebucht hatte. Ich schaute mich im Raum um. Alles erschien mir fremd, ich fühlte mich fremd. Beruhige dich. Schaue es dir an. Du kannst jederzeit abreisen, versuchte ich meinem Impuls, auf der Stelle zu fliehen, zu widerstehen.

Die ersten drei Tage beobachtete ich, hörte zu, sagte wenig. Ich analysierte die Menschen im Raum, öffnete Schubladen und steckte sie wortlos rein. Sogar ihre Art, sich zu kleiden, regte mich auf. Ihre Yogi-Klamotten, die viele trugen und diese Opferrollen, die sie wie schwarze Hüte unsichtbar auf ihren Köpfen trugen. Manche waren mir egal, andere empfand ich als extrem nervig und störend. Wirklich sympathisch fand ich nur die Frau einer der Coaches, sonst niemanden. Und das in einem Raum mit über 29 anderen Menschen. Am dritten Tag mussten wir eine Übung machen, die sich *Der Geburtskanal* nannte. 26 Menschen gingen dafür auf den Boden und machten eine Brücke, indem sie sich hinknieten und ihre Arme ausstreckten. Eine Person war Protagonist oder Protagonistin und musste jeweils zwei weitere Menschen auswählen: jemanden zum Verabschieden in den Geburtskanal und jemanden zum Empfangen.

Heiliger Bimbam, dachte ich. Was ist das denn für ein Mist? Sie erklärten, dass dieser Prozess sehr viel in Bewegung setzt und man die Möglichkeit hat, alte Traumata zu heilen. Die Personen, die man zum Verabschieden und Empfangen wählte, sollten intuitiv etwas sagen oder einen umarmen, oder was auch immer sich in dem Augenblick richtig anfühlte. Das Gleiche sollte die Person machen, die einen am Ende des Tunnels empfing. Um ehrlich zu sein, wollte ich den Raum verlassen. Aber die erste Person, die dran war, wählte direkt mich als Empfängerin. Prost Mahlzeit. Na dann, Saina, lass dich mal auf den Wahnsinn ein, dachte ich, und stellte mich an das Ende des Geburtskanals. Er wurde vorne verabschiedet und wand sich dann durch den Kanal. Manche machten es ihm leicht, andere beugten sich extra vor und erschwerten so das Durchkommen. Als er nach einer gefühlten Ewigkeit bei mir ankam, war er fix und fertig und fiel mir weinend in die Arme. Ich hielt, etwas überfordert, einen fast zwei Köpfe größeren Mann heulend in meinen Armen. In meinem Kopf formte sich der Satz *Du darfst endlich frei sein, das darfst du sein.* Bevor ich über den Sinn der Worte, die sich automatisch in meinem Kopf aneinandergereiht hatten, nachdenken konnte, waren sie auch schon ausgesprochen. Jetzt weinte er noch mehr und ich hatte das Gefühl, er konnte richtig was mit meinem Satz anfangen. Seltsam. Wir machten den Weg frei und die nächsten waren dran. Ich reihte mich in den Kanal ein und dieses Mal krabbelte eine Frau durch. Sie schrie dabei und ich musste mir das Lachen verkneifen, weil ich das Ganze immer noch für einen Affenzirkus hielt. Alle gaben sich dem Prozess hin. Ich wurde viel öfter gewählt, als mir lieb war. Doch egal, ob ich jemanden verabschiedete oder empfing, ich tat oder sagte intuitiv etwas für diese Person Bedeutsames. Seltsam, dachte ich mir jedes Mal aufs Neue. 23 Mal hatte ich diesen Prozess nun mitgemacht und teils sogar intensiv begleitet. Jetzt war ich an der Reihe. Mit großer Überwindung wählte ich zwei Personen. Die Frau einer der Coaches, die für mich aussah wie eine Amazone, und einen Mann, der mich empfangen sollte. Irgendetwas in mir wollte lieber von einem Mann empfangen werden. Ich erhoffte mir dadurch Stärke, schließlich hieß es, es beginne ein neues Leben nach dem Kanal und da mein Vater bei meiner Geburt nicht anwesend war, weil er wie so oft mit etwas für ihn Wichtigerem beschäftigt war, wollte ich das neue Leben mit einer männlichen Umarmung beginnen.

Ich stellte mich mit Alma (inzwischen nenne ich sie meine Amazone, denn heute sind wir sehr eng befreundet) an den Anfang des Tunnels. Sie ging einen Schritt auf mich zu und ich dachte, sie wolle mich umarmen. Stattdessen verbeugte sie sich und ging vor mir auf die Knie. Das löste etwas sehr Seltsames in mir aus und ich hatte plötzlich das Gefühl, eine Statue aus purem Gold zu sein. Ich brach in Tränen aus, bevor ich überhaupt in den Kanal gestiegen war. Mein Weinen gipfelte irgendwann in lautem Schreien. Ich wand mich und irgendwie hatte ich das Gefühl, als ob sich wirklich jede und jeder extra auf mich legte und mir so meinen Weg massiv erschwerte. Ich fühlte mich so schuldig, als ob ich alle im Stich gelassen hätte und sie mir das nun heimzahlen wollten. Schreiend und weinend erreichte ich nach grausamen 15 Minuten endlich das Ende des Geburtskanals, wo mich der von mir ausgewählte Mann empfing und fest in seine Arme schloss. Als ob er wüsste, dass ich mich schuldig fühlte, sagte er: „Du musst dir verzeihen, es war nicht deine Schuld, ab jetzt darfst du leuchten."

Ich war wie benommen und unfassbar müde. Alles drehte sich. Alma kam dazu und ich fragte sie, warum sie sich vor mir verbeugt hatte. Weil du eine goldene Königin warst, meinte sie. Ehm, ne, ist klar. Ich glaube, diese ganzen Tees, die wir dort tranken, hatten seltsame Nebenwirkungen. Was ich nur komisch fand, war, dass ich mich selbst ja auch als goldene Statue gesehen hatte. Tage später erklärte mir

Alma, dass wir auch karmische Verstrickungen aus dem vorherigen Leben mitbringen würden. Manchmal sind auch sie Gründe für unser Verhalten in diesem Leben. Sie erklärte sich mein goldenes Wesen gepaart mit meinem Schuldgefühl im Kanal damit, dass ich wohl mal eine Königin war, die ihr Volk verloren hatte. Sie meinte, vielleicht sei das eine der Ursachen, warum ich in diesem Leben glaube, nicht leuchten zu dürfen und alle retten zu müssen. Ich hätte Angst, weil damit etwas Schlimmes verbunden sei. Durch das erneute Durchleben, selbst ohne ganz zu verstehen, was da passiert war, sei diese karmische Verbindung nun aufgelöst worden. In der Tat fühlte ich mich leichter. Als ob man eine schwere Last von meinen Schultern genommen hätte. Weitere Übungen und Auflösungen folgten. Ich begann, die Gruppe mit anderen Augen zu sehen, schließlich hatte ich von allen am lautesten geweint und geschrien. Also wenn jemand in diesem Raum seltsam war, dann war wohl ich das.

Irgendwie erkannte ich Tag für Tag neue Züge von mir in den anderen. Eine war super weinerlich und super sensibel. Sie nervte mich zu Tode, und am liebsten hätte ich sie geschüttelt und gesagt: Komm doch mal klar, Mädchen! Sie verkörperte den sensiblen Anteil in mir, dem ich zu dem Zeitpunkt noch wenig Raum gab. Eine andere ging ständig hinaus und man sah ihr an, dass sie am liebsten nach Hause gefahren wäre. Sie war der Teil von mir, der immer fliehen wollte. Ein Teilnehmer zeigte kaum Emotionen und wollte den Starken vorspielen. Je mehr ich sie alle beobachtete, desto mehr erkannte ich mich selbst. Anteile, die ich an mir mochte, oder jene, die ich hasste oder nicht sehen wollte.

Am vorletzten Tag sollten wir einen Brief an eine Person schreiben, die in uns Wunden hinterlassen hat, die heute noch schmerzen. Dazu machten wir im Vorfeld eine lange Meditation und sollten uns im Anschluss einen Platz im Raum suchen und den Brief in unseren überreichten Block schreiben. Mir war schon vor der Meditation klar, dass ich diesen Brief an meinen Vater schreiben wollte. Mit seinem frühen Tod wurde mir viel Verantwortung aufgetragen. Ich hatte immer das Gefühl, dass ich dadurch zu früh erwachsen werden musste.

Ich war nie ein unbeschwertes Kind und die fehlende Bindung zu ihm, also den fehlenden männlichen Bezug, mache ich als Ursache für meine schlechte Männerwahl verantwortlich. Ich hatte mich viel mit dem Thema beschäftigt und dachte, viel aufgelöst zu haben, aber scheinbar saß da immer noch ein tiefer Schmerz. Ich griff zum Stift und setzte ihn an. Doch statt *Hallo Papa* waren meine ersten Zeilen: *Hallo Payam.* So heißt mein Bruder. Ich schrieb in raschem Tempo. Wort für Wort fiel es mir plötzlich wie Schuppen von den Augen. Mein Leben lang dachte ich, dass ich einen Vaterkomplex hätte und der frühe Verlust der Grund für meine missglückten Beziehungen sei. Doch mit diesem Brief erkannte ich, dass es auch die Beziehung zu meinem Bruder war, die mich so tief prägte. Er war älter, er war der, zu dem ich aufsah, von dem ich mir den Halt und die Liebe gewünscht hätte, die mir mein Vater nicht mehr geben konnte. Mein Bruder war so gut wie nie da und interessierte sich nicht für mich. Die Frauen, mit denen er zusammen war, waren seine Nummer Eins und so blieb für mich immer nur und wenn überhaupt der zweite Platz. Nach exakt diesem Muster wählte ich auch meine Partner aus. Ja, genau so fühlte ich mich. Wie die ewige Nummer Zwei. Nie gut genug. Nie schön genug. Nie liebenswert genug. Nie wichtig genug für den ersten Platz. Zweitgereiht zu sein, hatte ich aus meiner Beziehung zu meinem Bruder übernommen und scheinbar unbewusst zu meiner Überzeugung gemacht.

Meine Tränen liefen und die Tinte verwischte ständig. Mein tiefer Schmerz wich neuen Erkenntnissen. Endlich begriff ich. Endlich ergab alles einen Sinn. Hier saß ich also, die erwachsene Saina, und verstand, dass mein Bruder ebenfalls noch ein Kind gewesen war und sein Verhalten nichts mit mir, meinem Wert oder seiner Liebe zu mir zu tun hatte. Es war sein Weg, mit seinem Schmerz umzugehen. Ich musste mich von dieser Kopplung, die ich als Kind unbewusst in mein System implementiert hatte, lösen. Ich beendete den Brief mit den Worten: *Ich verstehe dich. Ich danke dir für die Erfahrung. Ich liebe dich.* Diesen Brief habe ich ihm nie gegeben, aber so unglaubwürdig das auch klingt: Bereits eine Woche danach rief er mich aus heiterem Himmel an. Er wollte wissen, wie es mir gehe und sagte, er vermisse mich. Das hatte er noch nie getan. In seinem ganzen Leben nicht. Ich war verwundert, aber auch froh. Denn ich hatte meinen Glaubenssatz und somit mein Energiefeld erfolgreich verändert.

Die Seminarwoche neigte sich dem Ende. Am letzten Abend schmissen wir bei einer Zeremonie alles ins Feuer, was uns nicht mehr dienlich war. Alles, was wir vorher sorgfältig formuliert auf weiße Zettel geschrieben hatten. Ich verabschiedete mich von meiner Wut, meiner Enttäuschung, meinen Selbstzweifeln, meinem Mangel und allen Verstrickungen der Vergangenheit. Ich löste falsche Kopplungen, übertragene kindliche Prägungen und falsche Glaubenssätze. Ich übergab dem Feuer meinen Schmerz und lud mich mit der Energie der Freude auf. Als ich abreiste, hatte ich das Gefühl, 10 Kilo leichter zu sein. Anders als nach der Erfahrung bei Jutta war ich nicht übertrieben euphorisch und aufgeregt. Viel mehr war ich friedlich und ruhig. Jetzt durfte alles sacken.

Drei Wochen nach dem Seminar saß ich in meinem Büro und trank einen Schluck Kaffee, als ich eine WhatsApp bekam. Ich schaute auf mein Display und mir verschlug es fast die Sprache. Die Nachricht war von Mister X. Acht Jahre waren inzwischen ohne jeglichen Kontakt vergangen und plötzlich meldete er sich. Mein Herz hüpfte vor Aufregung. Wie konnte das sein? Wieso jetzt? Er sei in Berlin. Sollte ich auch da sein, würde er mich gerne sehen. Er müsse seit einiger Zeit ständig an mich denken. Ich suchte die versteckte Kamera in meinem Büro, aber anscheinend handelte es sich nicht um einen Scherz. Natürlich flog ich nach Berlin. Ich wollte ihn unbedingt sehen.

Ich weiß noch, dass ich mindestens sechs Mal mein Outfit gewechselt habe, um am Ende doch das erste anzuziehen. Ich schminkte mich in knalligen Farben und wusch dann wieder alles weg. Mein Herz tanzte vor Aufregung. Mit wackligen Knien lief ich zu dem Restaurant, in dem wir verabredet waren. Es befand sich auf dem Dach seines Hotels. Kurz bevor ich ankam, rief er mich an. Ich befürchtete schon, dass er es sich anders überlegt hatte und absagen wollte. Doch ich täuschte mich. Er wollte nur sichergehen, dass ich keinen Rückzieher machte. Ich weiß noch, wie ich aus dem Aufzug ausstieg und ihn am Ende des Ganges entdeckte. Unsere Blicke trafen sich und wie in einem Film sah ich plötzlich nur noch ihn. Alles andere um mich herum verschwand: die Menschen, die Geräusche, die Gerüche, die Musik, der Raum. Es gab nur noch ihn und mich. Seine funkelnden blauen Augen zogen mich wie damals sofort wieder in ihren Bann. Es war, als wäre die Zeit stehen geblieben. Da war er wieder, als ob er nie weg gewesen wäre. Leichte Falten um seine Augen waren die einzige Spur der Zeit, die ich entdecken konnte. Er roch sogar wie damals. Wir umarmten uns sehr lange. Er streichelte sanft über mein Gesicht und fragte: „Wie kann das nur sein? Du bist ja noch schöner geworden." Mein Herz tanzte vor Freude. Wir redeten stundenlang und wie hätte es auch anders sein sollen, wir landeten im Bett. Und hier geschah das, womit ich niemals gerechnet hatte. Die Magie war weg. Der Sex war immer das, was ich am meisten an uns liebte. Doch nichts fühlte sich mehr an wie damals. Da war kein Kribbeln, keine Vermischung der Grenzen unserer Körper, keine Ekstase, wie ich sie jedes Mal gespürt hatte. Es fühlte sich eher mechanisch an. Ich empfand nichts mehr. So sehr ich auch versuchte, etwas zu fühlen, es gelang mir nicht, das Gefühl von damals zu reaktivieren.

Seltsamerweise war ich nicht traurig. Ich war innerlich ruhig und gefasst. Wir frühstückten noch zusammen und ich verabschiedete mich. Ich fuhr mit dem Aufzug nach unten. Als sich die Glastür öffnete, stieß mir ein leichter Wind ins Gesicht. Ich trat nach außen, schloss die Augen und öffnete beide Arme ganz weit. Ich spannte sie auf wie Flügel und atmete ganz tief durch. Ich war frei. Es war, als hätte ich einen Bann gelöst. Wie eine Verzauberte, deren Verwünschung nachlässt. Plötzlich konnte ich wieder klar sehen. Acht Jahre lang trauerte ich einer Illusion nach. Die Basis unserer Liebe damals war eine Lüge. Seine Lüge, denn er hatte seine Ehe anders dargestellt. Ich konnte ihn nicht loslassen, weil er der erste Mann war, von dem ich mich wirklich geliebt gefühlt hatte. Dadurch wurde ich blind für all die anderen Umstände, die eigentlich damals schon und auch heute so gar nicht passten. Ich bin keine Nummer Zwei. Ich will die Nummer Eins im Leben eines Mannes sein und dieser Platz wäre bei ihm niemals möglich gewesen. Ich lachte innerlich und hüpfte fast nach Hause, weil ich mich so befreit fühlte. Es war wirklich so, als würde jemand den Schleier vor meinen Augen wegziehen. Ich nenne das den Tag meiner Erwachung. ☺

Auch wenn unsere Begegnung ganz anders als geplant verlief, war sie so unfassbar wichtig. Denn sonst hätte ich mein Leben lang einer Phantasie nachgetrauert, die nur in meinem Kopf existierte. Ich glaube, jeder kennt das. Vielleicht auch du. Nach Trennungen ist man erst wütend, dann enttäuscht, dann traurig und irgendwann in den verschiedenen Phasen der Trennung vergisst man all das Schlechte und erinnert sich nur noch an das Gute. Als ob der Kopf einem einen Streich spielt und man geblendet ist. Doch meine Verblendung hatte nun ein Ende gefunden. Ich sah wieder offenen Auges und geheilten Herzens.

Einige Monate später lernte ich einen Mann kennen, einen bekannten Schauspieler. Er hatte sich gerade nach 14 Jahren Beziehung getrennt und wollte nicht direkt wieder eine neue Frau. Er war noch voller Wut und Schmerz. Und ehrlicherweise wollte ich auch nicht direkt wieder eine Beziehung, denn ich befand mich bereits in einer Beziehung. In einer Beziehung mit mir selbst. Zum ersten Mal suchte ich weder bewusst noch unbewusst nach jemandem, der mich vervollständigt. Ich war vollständig, so wie ich eben war. Wir begannen uns dennoch zu daten und lustigerweise hatten wir täglich Kontakt, obwohl wir anfangs beide keine festen Absichten kommuniziert hatten. Unser erstes Date war magisch. Ich war zu einer großen Gala in Berlin eingeladen und fragte ihn, ob er mich begleiten möchte. Er sagte zu. In einem grünen Prinzessinnenkleid, das eine Designerin extra für mich geschneidert hatte, stieg ich die Treppen im Provocateur Hotel in Berlin hinab, wo Manuel in seinem schwarzen Frack bereits auf mich wartete. Hollywood hätte die Szene nicht besser inszenieren können. Der Raum war dunkel und voller Kerzen. Jemand spielte in einer Ecke leise Klavier. Die verschiedenen Parfüms der Frauen vermischten sich mit dem Zigarettengeruch der Männer an der Bar.

Wir stiegen in die Limousine, die uns zur Gala fuhr. Als wir ankamen, blitzte es wie wild. Alle Fotografen wollten ein Foto von der Frau an Manuels Seite. Wir waren beide völlig überfordert von der Situation und mussten sehr lachen. Wer hat denn schon so viele Profi-Bilder von seinem ersten Date?!

Der Abend war schön, aber nicht wie sonst entwickelte ich direkt Schmetterlinge im Bauch, oder malte mir eine gemeinsame Zukunft aus. Ich genoss einfach die Momente mit ihm, ganz ohne Erwartungen oder Absichten. Wir redeten viel. Über unsere letzten Beziehungen, über Spuren und Narben, die das Leben hinterlassen hatte. Wir nahmen beide kein Blatt vor den Mund. Wir waren offen, neugierig und aufgeschlossen. Wir gaben uns Tipps und Ratschläge und von Tag zu Tag wurde unser Kontakt intensiver. Wenn meine alten Muster und Zweifel aufkamen, rief ich meine beste Freundin Mina an. Sie stand da wie ein Fels in der Brandung. Obwohl sie Manuel noch nicht mal live gesehen hatte, fühlte sie schon, dass er mein Seelenpartner ist. Ich sollte vertrauen und neue Wege gehen. Als sie ihn kennenlernte, war sie noch begeisterter als nach meinen Erzählungen. Sie sah direkt das, wofür ich einige Zeit brauchte. Ich war geheilt und gewachsen, aber manchmal setzte ich noch meine alte Brille auf und verfiel in meine alten Verhaltensmuster. Hinter all seinen Masken sah Mina direkt seinen Kern. *Er hat eine reine und wunderschöne Seele, Saina, bleib*, hörte ich sie immer sagen, wenn ich mal wieder einen Grund gefunden hatte, warum die Beziehung doch keinen Sinn ergab. Irgendwann merkte ich, dass ich Gefühle entwickelte. Ich sagte ihm das offen. Das war ein Meilenstein für mich. Ich sprach früher nie über meine Gefühle. Ich hatte sogar förmlich Angst davor. Ich wollte lieber cool und unnahbar wirken, unkompliziert und nicht fordernd. Ich wollte keinem Mann zeigen, was ich empfand. Das wäre ja ein Beweis meiner Schwäche. Mina machte das immer rasend vor Wut. Rückblickend verstehe ich, dass ich mir ja unbewusst selbst immer den zweiten Platz gegeben habe. Zweitplatzierte verhalten sich ruhig, fordern nicht, geben sich mit ihrem Schattendasein zufrieden. Die Auflösung beim Kriegerseminar und der Brief an meinen Bruder haben mir das deutlich vor Augen geführt. Ich habe gelernt, Gefühle nicht als Schwäche, sondern als Stärke anzusehen. Es ist absolut nichts Falsches daran, jemandem zu sagen, was man für ihn empfindet. Vielmehr sah ich das jetzt als meine absolute Stärke an. Ich erlaubte mir einfach, ich zu sein. Welch wunderbares neues Gefühl das doch war, nicht mehr nach Liebe und Anerkennung im Außen zu suchen. Manuel war am Anfang mit der absoluten Ehrlichkeit, die ich auch von ihm verlangte, etwas überfordert. Er kannte das nicht, dass man über alles sprach. Auch über Themen, die unangenehm waren und mit denen man eventuell den anderen verletzen könnte. Doch wir fanden eine großartige Ebene, uns alles mitzuteilen. Unsicherheiten, Zweifel, Enttäuschungen, Verletzungen. Wann immer wir offen darüber gesprochen hatten, heilte etwas in uns. Durch die brüchigen Stellen im Herzen fiel helles Licht hinein und die Wunden zogen sich wieder zusammen. Stück für Stück legten wir gemeinsam alte Muster, falsche Erwartungen, unbegründete Ängste und nicht geheilten Schmerz ab. Schritt für Schritt gingen wir offenen Herzens aufeinander zu und vermittelten einander: *Du bist gut, wie du bist.* Wir beide hatten sie erlebt, die Ausgrenzung, die Diskriminierung, den Betrug, die Selbstzweifel, das Gefühl, nicht zu genügen. Aber wir waren beide bereit für die Transformation. Gemeinsam würden wir das Alte endlich hinter uns lassen.

Ob es einfach war? Nein! Es dauerte fast zwei Jahre, bis der Wandel zwischen uns stattgefunden hatte und sich eine tiefe Liebe entwickelte. Es dauerte weitere zwei Jahre, bis wir unsere eigenen Themen aufgelöst hatten. Schwere Krankheiten zwangen uns immer wieder in die Knie. Jutta hatte mir damals gesagt: *Das Leben meint es immer gut mit dir. Wenn du den falschen Weg einschlägst, gibt es dir anfänglich einen kleinen Schubser, um dich wieder auf die Spur zu bringen. Wenn du es nicht verstehst, gibt es dir einen Klaps auf den Po. Kapierst du auch das nicht, gibt's die ersten Watschen und reicht das immer noch nicht, dann gibt's den Faustschlag, der zum körperlichen K.O. führt. Dann musst du hinsehen, hinhören, hineinfühlen. Dann führt kein Weg mehr daran vorbei.*

Wir beide hatten bei einigen Themen den Faustschlag bekommen. Nicht wegen unserer Beziehung, sondern wegen der eigenen Themen, die noch in uns brodelten und an die Oberflächen wollten. Die ganz tief begrabenen Truhen der Kindheit, die man nicht nur weit von sich wegschiebt, sondern die man auch noch mit Panzertape versieht, verriegelt und vereist. Doch wer Licht bringen will, muss in die Dunkelheit. Ich begegnete also der Dunkelheit. In all ihren Facetten. Ich hatte Angst, aber Mut bedeutet, Dinge trotz Angst anzugehen. Der Preis ist innerer Frieden und Glück. Ein Weg, den es sich zu gehen lohnt. Mit jedem Tag wuchs nicht nur die Liebe zu Manuel, sondern auch zu mir selbst. Ich war nicht mehr bereit, mein Licht von jemandem runterdrehen zu lassen, und gleichzeitig traute ich mich nicht, mich wirklich zu zeigen. Durch Manuels Bekanntheit musste ich plötzlich auf roten Teppichen stehen, Blitzlichtgewitter über mich ergehen lassen und in die Kameras lächeln. Ich fühlte mich unwohl dabei. Ich kannte diese Szenarien aus meinem Job, aber ich sagte immer, ich sei die Frau hinter dem und nicht auf dem roten Teppich, denn schließlich organisierte ich solche Events.

Auf unserer zweiten gemeinsamen Reise saßen wir in einem kleinen Café an der bekannten Brücke in Porto in Portugal, als Manuel mich fragte, warum ich mich nicht traue, vorne zu stehen. Ihm sei aufgefallen, wie unwohl ich mich auf den Teppichen fühle. „Wieso bist du nicht das Gesicht von deinem Frauennetzwerk?", fragte er. „Wieso moderierst du nicht selbst? Wieso stehst du nicht auf der Bühne oder teilst deine Erfahrungen auf Social Media?" Ich hielt mein Im-Hintergrund-Bleiben für Bescheidenheit. Ich meinte, ich will mich nicht in den Vordergrund drängen, es geht ja nicht um mich, sondern um alle Frauen. Er ließ nicht locker. „Schon klar, aber wenn du andere animieren willst, selbstbewusst nach vorne zu treten und zu leuchten, warum tust du es nicht?" Wieder fand ich fadenscheinige Ausreden. Er bohrte aber weiter. „Wieso gehst du nicht als Vorbild voran?" Er fragte und fragte und gab sich mit meinen Antworten nicht zufrieden. Er wurde etwas lauter und vehementer und genervt rief ich auf die wiederholte Frage *Warum zeigst du dich nicht endlich?* laut: „WEIL SIE MICH DANN HOLEN!" Funkstille.

„Wer holt dich?", fragte Manuel verwundert. Ich selbst war über meine Aussage überrascht. „Wer holt mich?", wiederholte ich gedankenversunken die Frage. Ich fand keine Antwort, also beschlossen wir, später weiterzusprechen und erst mal die Brücke Ponte Dom Luis, eine bekannte Sehenswürdigkeit, zu überqueren. Als wir oben ankamen, wurde mir etwas mulmig zumute. Ich habe zwar Höhenangst, die ich gut im Griff habe, unternehme aber auch ziemlich viel, um nicht von dieser Angst gelähmt zu werden. Ich habe sogar Bungee-Jumping gemacht und mich von einem Hochhaus abgeseilt. Es war einfach nur grausam für mich, aber ich wollte stärker sein als meine Angst. Doch da oben auf der Brücke war es nicht nur die Höhenangst, die mich überkam. Diese Angst ging durch Mark und Bein. Meine Schritte wurden immer langsamer und ich klemmte mich an das Geländer und an Manuels Hand. „Aua!", rief er plötzlich, weil ich ihm scheinbar die Hand schon fast zerquetschte. Meine Knie begannen zu zittern und mir lief kalter Schweiß über mein Gesicht. Es war bereits das Ende der Pandemie, aber viele trugen noch Gesichtsmasken. Wann immer mir ein Mann mit einer Maske entgegenkam, lief mir ein Schauer den Rücken runter. Ihre Gesichter verwandelten sich in dunkle Fratzen. Je näher sie mir kamen, umso mehr hatte ich das Gefühl, sie würden mich gleich packen und über das Geländer werfen. Mein Herzrasen wurde immer schlimmer, dazu gesellte sich noch Atemnot. „Hilf mir", rief ich leise in Manuels Richtung und kniete mitten auf dem Asphalt nieder. „Was ist mit dir?", fragte er erschrocken. Ich wusste es nicht. Ich hatte das Gefühl, einen Herzinfarkt zu bekommen. „Bleib ruhig. Nimm meine Hand und atme langsam ein und aus." Ich löste mich augenblicklich, denn nicht einmal seine Nähe konnte ich gerade ertragen. „Fass mich nicht an", sagte ich schroff und schubste ihn förmlich weg. Es kostete Manuel sämtliche Nerven und enorme Kraft, mich dennoch in Babyschritten über diese Brücke zu ziehen. Immerhin konnte ich ja nicht mittendrin stehen bleiben. Ich musste weiter. Zum Aufzug, der uns wieder von der Brücke, die sich in 60 Metern Höhe befand, hinunterbringen würde. Ich weiß nicht wie, aber Manuel hat es geschafft, mich auf die andere Seite zu ziehen. Und zwar in Zeitlupe, seine Hand zerquettschend und mit meiner anderen Hand dabei zusätzlich seinen Arm festhaltend, sodass die Spuren meiner Nägel in seiner Haut noch tagelang zu sehen waren. Die Augen hielt ich die ganze Zeit über geschlossen. Diese Männer mit den Masken verpassten mir jedes Mal einen kleinen Herzinfarkt. Es war eine regelrechte Tortur. Für ihn und noch mehr für mich. Unten angekommen, setzten wir uns auf eine kleine Mauer am Wasser. Manuel kaufte mir eine Flasche Cola, die ich trank und zum Kühlen in meinen Nacken legte, denn nun hatte ich das Gefühl, innerlich zu verbrennen. Er fragte mich, was da oben geschehen sei. Ich wusste es nicht. „Du hattest eine Panikattacke", sagte er. „Warum?", fragte ich verstört. „Ich glaube, das hat mit deinem Satz von vorhin zu tun. Wurdest du mal verfolgt, oder hast du das als Kind im Iran mitbekommen?", fragte er sanft. Ich dachte nach. „Nein, ich glaube nicht." Ich versuchte, mich zu erinnern und blickte dabei in den Himmel, in der Hoffnung, vielleicht eine Eingebung oder Antwort von oben zu erhalten. „Ah warte, meine Mutter wurde verfolgt, aber da war ich noch nicht mal geboren." „Interessant, erzähl mir mehr davon", bohrte Manuel nach. „Meine Mutter war eine bekannte Journalistin und eine Rebellin. Sie hat mir erzählt, dass sie sich immer gegen das Regime gestellt und selten gehorcht hat. Ich weiß, dass sie sogar auf ihr Kopftuch gespuckt hat und einige Zeit untertauchen musste, weil sie gesucht wurde und ins Gefängnis hätte gesteckt werden sollen. Als Frau im Iran ins Gefängnis geworfen zu werden, bedeutet die Hölle. Viele kommen heute noch nicht lebend raus und wenn, dann so gebrochen, dass wahrscheinlich der Tod leichter zu ertragen wäre als das Leben nach dieser grausamen Peinigung, die sich hinter den Mauern abspielt."

Ich erzählte Manuel von der Unterdrückung der Frauen, dem Wandel eines modernen Staates zu einem frauenfeindlichen islamistischen Staat. Ich erzählte ihm, wie meine Mutter nicht nur ihren Job, sondern ihren Traum verlor und später in Deutschland Stellen annehmen musste, die weit unter ihrer Bildung und ihrem Können waren. „Sie blieb immer positiv, aber sie verlor ihr Leuchten", seufzte ich und blickte auf das Wasser, das leichte Wellen schlug, weil gerade ein großes Schiff vorbeigezogen war.

„Verstehst du jetzt deinen Satz?", fragte Manuel. „Du trägst unbewusst ihre Angst weiter. Du glaubst, wenn du dein Leuchten zu sehr aufdrehst, finden sie dich und holen dich. Genauso, wie sie sie abholen wollten. Deine Angst ist ihre übertragene Angst. Leg sie ab, sie gehört nicht zu dir. Lerne zu leuchten, auch für sie. Je mehr du leuchtest, desto mehr kann sie auch durch dich leuchten und dadurch heilen."

Ich stand nach wie vor unter Schock, denn so etwas wie auf der Brücke hatte ich noch nie zuvor erlebt. Ich hatte wahrlich Todesangst. Sie kam aus dem Nichts und nahm mich komplett in Besitz. Wir redeten stundenlang weiter, während wir Hand in Hand durch Porto liefen, nach und nach die Farbe in mein Gesicht zurückkehrte und mein Körper sich allmählich stabilisierte. Wow, daher hatte ich es immer vermieden, sichtbar zu sein. Meine Mutter hatte sich gewehrt, aber die Angst war dennoch ein Teil von ihr geworden und dadurch auch ein Teil von mir. Unbewusst trug ich dieses unsichtbare Korsett, das mich eingeschränkt, klein gehalten und ihre Macht symbolisiert hatte. Ich wollte dieses Korsett nicht mehr tragen, also lernte ich, mich daraus zu befreien. Schicht für Schicht legte ich es ab. Ich kapierte: Nur wenn ich mein eigenes Licht aufdrehe, kann mein Strahlen auch ein Leuchtturm für andere sein. Nur wenn ich an mich glaube und mich liebe, kann ich unbeirrt meinen eigenen Weg gehen.

Dank dem Mut, dem Willen und der Stärke meiner Mutter durfte ich in Freiheit leben. Laut sein, bunt sein, meine Meinung äußern. Wie töricht wäre es also gewesen, von all diesen Privilegien keinen Gebrauch zu machen! Einzig und allein die Angst hinderte mich und das wollte ich nicht länger zulassen.

Meine Klamotten wurden immer bunter, ich postete sogar Bilder von mir und betrat selbstbewusster die roten Teppiche. Ich trainierte mir nicht nur Mut an, sondern ich definierte meinen Wert neu. Ich gab mir den ersten Platz in meinem eigenen Leben und so auch im Leben meines Partners. Ich liebte Manuel und verliebte mich von Tag zu Tag mehr in ihn. Er wurde zu meinem Zuhause, dafür brauchte ich kein Land mehr. Gemeinsam erschufen wir den Ort, an dem wir vollkommen wir sein können, uns lieben und willkommen fühlen. Ich verstand: Nur wenn ich dem Leben und dem Universum vertraue und allem voran mir und meinem Körper vertraue, kann ich Krankheiten heilen. Dafür musste ich meine Seele heilen. Wann immer ich dachte, mein Licht sei nun komplett aufgedreht, stand Manuel da und sagte: „Da geht noch mehr Schatz, dreh weiter auf." Und ich hörte auf ihn und drehte weiter auf, aber ich hatte immer noch das Gefühl, dass der Schalter ein wenig klemmte.

Eines Tages saßen wir in Berlin in einem Café und Manuel und meine Assistentin probierten eine seiner neuen Hypnose-Methoden aus. Neben der Schauspielerei hatte er sich seit über 20 Jahren mit Angst- und Panikattacken beschäftigt, etliche Kurse und Fortbildungen gemacht und all sein Wissen und seine Techniken in sein Coaching-Programm Freigeist integriert. Er ging mit mir das Fragenmodell durch, das durch hypnotische Sprachmuster in ganz tiefe Ebenen vordringen und noch nicht aufgelöste Themen hervorbringen konnte. Frage für Frage tauchte ich tiefer in mein Unterbewusstsein ein und irgendwann stellte er die Frage: „Warum traust du dich nicht, ganz vorne zu stehen, warum drehst du dein Licht nicht komplett auf?" Und in einer etwas lauteren Stimmlage sah er mir tief in die Augen und fragte: „Waaaas zur Hölle hindert dich daran?"

Mir schossen augenblicklich Tränen in die Augen und ich brüllte mitten im Café laut raus: „Ausländermädchen dürfen nicht aufs Gymnasium!" Als ich das laut aussprach, sackte ich innerlich zusammen und weinte heftig. Frau Kochs Gift lief also immer noch durch meine Adern. Die erwachsene Saina erinnerte sich nicht mehr, aber das kleine Mädchen in mir schon. Es fühlte immer noch Schmerz. Wir lösten erneut meine Glaubenssätze *Ich bin nicht gut genug* und *Ich gehöre nicht dazu* auf und ersetzten sie durch *Ich bin genug, Ich gehöre dazu* und *Ich bin wertvoll*. Wir änderten meine Emotionen, indem ich wieder in die Situation von damals ging, als die kleine Saina vor dieser Hexe stand. Ich lächelte meinem kleinen Ich zu und nahm es in den Arm. Ich flüsterte ihm ins Ohr: „Sie ist voller Zorn. Sie liebt sich selbst nicht genug. Daher will sie, dass du dich auch nicht liebst." In meinen Gedanken gingen wir dann beide zu Frau Koch und schlossen sie fest in unsere Arme. Wir ersetzten den Schmerz durch Mitgefühl. Wir hielten diese Umarmung so lange, bis sich ihr starrer Körper nicht mehr wehren konnte und sie die Umarmung erwiderte. Als sie uns ein Lächeln schenkte, nahm ich die kleine Saina an die Hand und sagte ihr: „Du bist ein Wunder. Du bist Licht. Du wirst so sehr leuchten, dass dein Licht auch dunkle Herzen wie ihres erleuchten wird. Ich liebe dich."

Diese Auflösung wirkte noch Wochen nach.

Ich hatte verstanden, dass man zwar nicht die Vergangenheit ändern kann, aber die Emotionen, die man damals gespürt hatte. Diese Veränderung ist Heilung.

Wenn wir noch einmal in die Situation hineingehen und die damit verknüpften Gefühle ändern, holen wir uns dadurch aus der Opferrolle heraus und gestalten aktiv die Situation um. Ich verließ mehr und mehr meine Komfortzonen und traute mich sogar auf Bühnen, um über mein Frauennetzwerk zu sprechen und andere Frauen zu ermutigen, auch in ihre Leuchtkraft zu kommen. Anfänglich zitterte ich innerlich, aber irgendwann fing ich an, richtig Gefallen daran zu finden. Ich hatte so viel zu sagen und endlich war ich bereit, es auszusprechen. Meine Erfahrungen können vielen anderen Frauen helfen und ihnen zeigen, dass einfach alles möglich ist. Ich möchte sie animieren, ihrer Dunkelheit zu begegnen, damit sie ihr Licht finden und es aufdrehen können. Die Bühnen wurden immer größer und das Zittern verschwand. Ich hatte keine Zweifel und keine Angst mehr. Ich stellte mich selbstbewusst auf die Bühne. Was hatte ich zu verlieren? Schließlich habe ich mich gefunden. Ich zeigte mich, mit all meinen Facetten, meinem offenen Herzen und meinen Narben. Begegneten mir alle anderen genau so? Nein, aber das war überhaupt nicht schlimm. Ich hatte verstanden, dass jeder auf seiner eigenen Reise gefüllt mit Selbstzweifeln, wenig Selbstliebe und inneren Dämonen ist. Entweder spiegelten sie einen Anteil in mir, den ich noch verändern durfte, oder ich war ihnen begegnet, damit ich sie bei ihrer Veränderung unterstütze. Am Ende sind wir alle nur Seelen, die Erfahrungen sammeln.

Eines Tages stand ich als Speakerin auf der Bühne. Es war nicht irgendeine Bühne. Es war meine eigene Bühne. Mit meinem Frauennetzwerk sheciety organisierte ich fast monatlich Events, Kongresse, Dinner und Festivals. Anders als früher stand ich nun selbst auch mit auf der Bühne, war das Gesicht der Organisation und ging als Vorbild voran. Ich hatte den *Proud to be me Kongress & Award* ins Leben gerufen, weil wir Frauen oft vergessen, was wir leisten und wie stolz wir eigentlich auf uns sein können. Beim Award zeigen wir inspirierende Persönlichkeiten und vergeben in 6 Kategorien Preise, unter anderem an die *Working Mum of the year*, weil Mütter einfach Heldinnen sind, die oft nicht gesehen und gezeigt werden. Ich stand also auf der Bühne, die ich geschaffen hatte, und sprach neben vielen anderen Persönlichkeiten. Ich erzählte meine Geschichte und meine Reise mit all den Herausforderungen. Meine Mutter saß im Publikum und lauschte meinen Worten. Ich zeigte auf sie und ließ das Publikum für sie klatschen. Für ihren Mut, ihre Stärke, ihre Kraft und allem voran für ihr reines Herz, das niemals die Hoffnung und den Glauben aufgegeben hatte. Ich erzählte, wie sie alleine zwei Kinder in einem fremden Land großgezogen und alles für die Freiheit ihrer Kinder geopfert hatte. Während sie da stand, der Applaus wie eine wunderschöne Melodie immer lauter wurde und sie darin eintauchte, liefen ihr Tränen über die Wangen. Unter Freudentränen lächelte sie stolz in meine Richtung. Mit jedem Applaus gewann sie an Größe und richtete sich mehr auf. Ich wusste, wie sehr sie ihren Job, den Applaus und ihr Wirken als Journalistin und Nachrichtensprecherin liebte und wie schwer es für sie war, all die Jahre nicht mehr gesehen zu werden. Der Applaus wurde mit jeder weiteren Erzählung über sie lauter und nach und nach standen alle auf und gaben ihr eine Standing Ovation. Trotz der vielen Menschen war mein Blick nur auf sie gerichtet. Plötzlich sah ich es in ihren Augen. Erst war es nur ein kleiner Funke, aber je länger der Applaus anhielt, desto mehr wuchs der Funke und verwandelte sich zu einem wunderschönen Leuchten. Das Leuchten, das sie all die Jahre verloren hatte. Ihr ganzes Wesen veränderte sich und ich merkte, dass mir bei diesem wunderschönen Anblick ebenfalls Tränen über die Wangen liefen. Meine Mutter wird oft als Grande Dame beschrieben und das ist sie auch. Sie umgibt eine innere und äußere Schönheit und sie strahlt Stolz gepaart mit Herzlichkeit aus. Jetzt gesellte sich noch ein heller Glanz dazu. Sie sah, dass sie durch mich weiter leuchten konnte und dass nichts umsonst war. Die Flucht aus dem Iran, der Verlust von ihrem Job, ihrem Ansehen, ihren Freundinnen und Freunden, ihrer Familie und ihrem Mann. All die schlaflosen Nächte, die Tränen, der Schweiß und die Verzweiflung, ob wir es schaffen werden. In schwierigen Zeiten fragte sie sich oft, ob die Flucht richtig gewesen war und machte sich verantwortlich für die Diskriminierung, der wir oft ausgesetzt waren. Doch an diesem Tag gab es keine Zweifel mehr. Sie hatte alles richtig gemacht. Durch sie konnte ich nun solche Bühnen kreieren und nicht nur mich zeigen und als Vorbild dienen, sondern auch für andere Menschen einstehen und ihnen genauso eine Bühne geben. Durch ihren Mut lernte ich, ebenfalls mutig zu sein und niemals aufzugeben. Durch ihre Liebe erstarrte ich nie zu Eis, obwohl mir so oft Ablehnung, Rassismus und Ausgrenzung begegnet waren. Durch ihren Glauben an das Gute wurde ich nie ein Teil der Dunkelheit, sondern suchte immer nach Hoffnung, selbst wenn sie in manchen Situationen wirklich schwer auffindbar war. Unsere Blicke trafen sich und wir nickten uns zu, weil wir beide das Gleiche empfanden. Es hatte sich gelohnt, wir hatten es geschafft. Mein Herz tanzte und ich bemerkte, dass mein gesamter Körper zu vibrieren begann. Ich fühlte, dass sich auch in mir eine Kugel aus purem Licht bildete. Ich hatte das Gefühl, dass dieses Licht aus meinem gesamten Körper, aus jeder Zelle, aus jeder Pore strömte und der gesamte Raum um mich herum von diesem hellen Licht eingenommen wurde und ebenfalls erstrahlte. Ich war noch nie im Leben so präsent gewesen. Meine gesamten

Sinne waren zu 100 % aktiviert, während die Zeit stehenzubleiben schien. Ich war da, komplett eingetaucht in diesen magischen Moment. Auf meinem Gesicht formte sich ein breites Grinsen, denn nun spürte ich es mit jeder Faser meiner gesamten Existenz. Ich bin das Licht. Ich bin endlich bereit, zu leuchten. Ich bin SunSun.

#ichleuchte

DIE AUFLÖSUNG VON FALSCHEN GLAUBENSSÄTZEN

Die Veränderung von Glaubenssätzen erfordert oft bewusste Anstrengung, Selbstreflexion und eine kontinuierliche Praxis. Hier sind einige Techniken, die dir dabei helfen können:

1. **Selbstreflexion:** Beginne damit, deine eigenen Glaubenssätze zu identifizieren. Frage dich, welche Überzeugungen du über dich selbst, deine Fähigkeiten und die Welt hast. Schreibe sie auf, um sie besser zu verstehen. Frage auch deine Freundinnen und Freunde und deine Familie, ob sie Muster in deinem Verhalten erkennen können. Das hilft oft sehr, denn andere nehmen uns anders wahr als wir selbst. Wir sehen manchmal wahrlich den Wald vor lauter Bäumen nicht. Unser Umfeld kann wichtige Hinweise geben und uns auf Sachen aufmerksam machen. Ich hielt mich früher z. B. für einen unfassbar offenen Menschen, bis mir Freundinnen und Freunde sagten, dass ich auf sie oft unnahbar wirke. Das schockierte mich, denn ich selbst empfand mich nicht so. Natürlich war das nur eine Schutzreaktion, die ich dann ändern konnte, aber hätte man mir das nicht gesagt, wäre ich mir nie bewusst darüber geworden. Meiner Freundin sagte ich kürzlich, dass sie auf andere sehr arrogant wirkt. Da ich sie sehr gut kenne, weiß ich, dass sie das null ist. Ihr selbst war das auch nicht aufgefallen, aber ich nahm sie mal heimlich auf und zeigte ihr anschließend das Video. Sie war richtig schockiert! Möglicherweise bist du auch überrascht, wenn du dir Fotos oder Videos von dir ansiehst. Ich muss echt oft lachen, wenn ich Aufnahmen von mir sehe. Man hat oft eine gewisse Vorstellung, wie man aussieht oder wirkt, aber Fotos und Videos spiegeln dann eine ganz andere Person wider. Daher ist es sehr hilfreich, sich mal selbst zu beobachten oder zuzulassen, beobachtet zu werden. Nimm dich einfach mal auf. Lass die Kamera laufen und schau, wie du dich bewegst, achte auf deine Haltung. Gehst du stolz und aufrecht, oder ziehst du die Schultern nach

unten. Lächelst du die meiste Zeit oder schaust du eher traurig drein? Jede Analyse ist ein Puzzlestück, um dich ganz wahrzunehmen, zu verstehen und deine Muster zu identifizieren.

2. **Hinterfrage negative Glaubenssätze:** Stelle infrage, ob deine negativen Überzeugungen wirklich wahr sind. Analysiere, ob es konkrete Beweise für oder gegen diese Glaubenssätze gibt. Oft basieren negative Überzeugungen auf falschen Annahmen oder begrenzten Erfahrungen. Versuche, diese schnell ausgesprochenen Sätze à la *Ich hab ja nie Glück,* oder *Ich schaffe das nie, Ich muss immer kämpfen, Ich kann das nicht, Ich bin gestresst,* zu identifizieren. All diese Sätze, die wir super oft ohne nachzudenken von uns geben, sind eine Spiegelung unserer negativen Glaubenssätze. Sie können dir helfen, den Pfad zu ihrem Ursprung zu finden, um sie dort aufzulösen und zu transformieren. Frage dich, welche Sätze du ständig sagst. Was denkst du selbst über dich und dein Leben? Führe gerne Tagebuch darüber und versuche, Muster zu erkennen. Wie verhältst du dich in bestimmten Situationen? Was sagst du? Was fühlst du? Was tust du dann?

3. **Positive Affirmationen:** Formuliere positive und unterstützende Glaubenssätze und wiederhole sie regelmäßig. Diese positiven Affirmationen können dazu beitragen, negative Gedankenmuster zu durchbrechen und positive Überzeugungen zu stärken. Ich sage mir jeden Morgen: *Mit jedem Atemzug ziehe ich Gesundheit, Fülle und Freude in mein Leben. Was immer geschieht, geschieht zu meinem Besten. Ich vertraue und lasse los.* Gerade der letzte Satz hat mir inzwischen tausende Male aus schwierigen Situationen geholfen. Er lenkt meine Aufmerksamkeit vom Problem weg und stimmt mich positiv. Ich komme dann wieder ins Vertrauen und löse mich von der Angst und vom Mangel.

4. **Visualisierung:** Stelle dir lebhaft und detailliert vor, wie dein Leben aussehen wird, wenn du positive Glaubenssätze annimmst. Visualisiere Erfolg, Glück, Selbstvertrauen und was auch immer du dir für dich und deine Zukunft wünschst. Dies kann dazu bei-

tragen, das Unterbewusstsein auf positive Weise zu beeinflussen. Gehe hierbei immer so vor, als ob all deine Wünsche und Träume bereits eingetroffen sind. Die beste Visualisierungsmethode ist in meinen Augen, sich ganz konkret und detailliert Situationen, Projekte oder Dinge genau so vorzustellen, als wären sie bereits eingetroffen. Danke dem Universum für das Erreichen oder die neue Erfahrung. Dadurch entsteht in mir ein Gefühl von Freude und Leichtigkeit. Wenn wir uns Dinge einfach nur wünschen, sind wir im Mangel, weil wir aussenden, dass etwas noch nicht da ist. Aus Mangel kannst du keine Fülle erschaffen.

Hier ein Beispiel für dich:

Danke, dass ich einen liebevollen, unterstützenden und wertschätzenden Partner gefunden habe und wir gemeinsam ein Leben in Liebe, Treue, Vertrauen und Fülle leben dürfen.

Danke, dass ich in meinem Traumhaus mit den roten Backsteinen leben darf. Danke, dass es hier immer nach frischen Blumen duftet. Danke für dieses schöne gelbe Sofa, auf dem ich Kraft tanke, mich entspanne und die Fülle, die mich umgibt, genießen darf.

5. **Kognitive Umstrukturierung:** Erkenne negative Gedankenmuster und versuche, sie aktiv zu verändern. Frage dich, ob es alternative, positive Interpretationen gibt. Dieser Prozess der kognitiven Umstrukturierung kann helfen, automatische negative Gedanken zu durchbrechen.

   Hier ein Beispiel für dich:

   Verwandle *Verdammt, schon wieder ein Stau, das nervt mega!* in *Oh, endlich habe ich Zeit zum Durchatmen und den Podcast von Saina zu hören.* ☺ Oder: *Wieder hat mein Vorgesetzter schlechte Laune und lässt sie an mir aus* in *Wie gut, dass ich in mir so gefestigt bin und erkennen kann, dass sein Verhalten nichts mit mir, sondern mit seinem eigenen Mangel zu tun hat. Ich wähle die Fülle und mich.* Oder: *Ständig bin ich krank* in *Danke mein wunderbarer Körper, dass du mich darauf hinweist, dass ich gewisse Sachen in meinem Leben verändern darf. Ich lerne, besser hinzusehen und besser hinzuhören. Mit jedem Atemzug ziehe ich Erkenntnis und dadurch Gesundheit an.*

6. **Selbstmitgefühl entwickeln:** Sei freundlich zu dir selbst und akzeptiere, dass niemand perfekt ist. Wenn du auf negative Glaubenssätze stößt, praktiziere Selbstmitgefühl und ermutige dich, anstatt dich selbst zu kritisieren. Wir gehen teilweise mit uns selbst so kritisch und rücksichtslos um, wie wir es niemals bei anderen wären. Behandle dich wie deine beste Freundin. Ihr würdest du auch niemals ins Gesicht sagen *Du bist fett, Du bist nicht gut genug, Du schaffst das nicht, Du hast das nicht verdient.* Ihr würdest du mit Liebe, Wohlwollen und Zuspruch begegnen. Warum tust du das nicht auch bei dir selbst? Sei deine eigene beste Freundin. Du bist der Schlüssel, also ändere dein Verhalten, damit du auch das Richtige und die Richtigen anziehst. Wenn du gut zu dir selbst bist, werden es auch andere sein. Das ist das Gesetz der Anziehung.

7. **Arbeite mit einem Therapeuten, einer Therapeutin bzw. mit einem Coach oder einer Coachin:** Erfahrene Therapeuten oder Therapeutinnen können dabei helfen, tief verwurzelte Glaubenssätze zu identifizieren und Strategien zur Veränderung zu entwickeln. Sie bieten professionelle Unterstützung und Anleitung. Ich liebe Hypnose, weil sie schnell und effektiv ist, aber es gibt für jeden eine andere passende Methode. Vertraue auch hier auf dein Bauchgefühl. Du wirst die richtige therapeutische Fachkraft anziehen und dadurch eine gute Begleitung auf deinem Weg haben. Bitte prüfe unbedingt, ob sie in diesem Bereich wirklich gut ausgebildet ist. Leider kann man mit gutem Marketing und ohne viel Fachkenntnis ganz viele Menschen erreichen und damit Kurse verkaufen. Ich finde diesen Trend sehr schlimm. Falls du bei der Suche nach einer Coachin oder einem Coach Unterstützung brauchst, schau dich gerne auf unserer Coaching-Plattform **www.shecademy.de** um, auf der wir nur geprüfte Expertinnen und Experten listen, oder schreib uns bei **www.sheciety.club** an. Wir helfen hier sehr gerne und stehen an deiner Seite.

8. **Lerne aus positiven Erfahrungen:** Feiere deine Erfolge und positiven Erlebnisse in deinem Leben. Identifiziere, welche Überzeugungen zu diesen positiven Ergebnissen geführt haben, und verstärke diese positiven Glaubenssätze. Schreibe jeden noch so kleinen Erfolg auf und zelebriere ihn intensiv und voller Dankbarkeit. Das stärkt dein positives Feld und führt dich aus dem Mangel in die Fülle. Und mit Kleinigkeiten meine ich wirklich alles. Dinge, die wir als selbstverständlich empfinden, die es aber nicht sind. Selbst das Aufstehen am Morgen ist ein Wunder. Du lebst, du hast die Möglichkeit, einen weiteren Tag zu erleben, deine Liebsten zu sehen und deine Träume zu verwirklichen. Hat das Leben an sich nicht die größte Dankbarkeit verdient? Wenn du mit Dankbarkeit in den Tag startest, wirst du laufend Wunder anziehen. Ich verlasse das Haus immer mit dem Satz: *Hallo, du wunderschöne Welt! Danke für all die Wunder und tollen Erlebnisse, die ich heute machen darf.*

Es ist wichtig zu beachten, dass die Veränderung von Glaubenssätzen oft Zeit und kontinuierliche Anstrengung erfordert. Sei geduldig mit dir selbst und erkenne die Fortschritte, die du machst. Ich habe dir daher ganz transparent und authentisch meinen eigenen Weg geschildert. Oft dachte ich, angekommen, transformiert oder geheilt zu sein, und dennoch bekam ich die Faust des Lebens mitten ins Gesicht. Diese Momente brachten mich häufig dazu, komplett zu verzweifeln, weil ich nicht verstand, warum es wieder mal bergab ging. Es sollte doch nur noch steil nach oben gehen! Doch das Leben funktioniert nicht so! Auch und vor allem mentale Arbeit funktioniert nicht linear. Es ist wie das Zwiebel-Prinzip.

Wir legen Schicht für Schicht ab und begegnen kontinuierlich neuen Aufgaben und Herausforderungen. Das nennt man Wachstum. In meinen Augen hört dieser Prozess niemals auf! Solange wir atmen, machen wir kontinuierlich neue Erfahrungen, von denen wir lernen und an denen wir reifen.

Meine beste Freundin sagt immer, wenn es ihr mal wieder schlecht geht, dass sie versucht, ihre negativen Gefühle und den Zustand an sich mit Freude anzunehmen. Dinge zu akzeptieren, wie sie sind, bedeutet, sich in der nächsten Wachstumsphase zu befinden und bald wieder eine Schicht der Zwiebel ablegen zu dürfen, um dem eigenen Seelenpotenzial näherzukommen. Ich liebe dieses Bild. Auch wenn wir eine Zwiebel schneiden, weinen wir, also ist es doch nicht verwunderlich, dass wir beim Schälen unserer Seelenaufgaben auch viele Tränen vergießen, oder? Sei geduldig mit dir. Wenn ich eines im Leben gelernt habe, dann ist es, den Augenblick zu genießen und alles, was in meinem Leben geschieht, als weitere Aufgabe anzuerkennen, an der ich wachsen werde. Manche Aufgaben sind schön und einfach, manche zwingen uns in die Knie, aber egal wie, das Leben meint es immer gut mit uns. Lerne, dem Universum zu vertrauen. Manche Zwiebelschalen brennen mehr in den Augen als andere. Vergiss niemals, du bist ein Wunder. Du bist Licht. Drehe also dein Leuchten auf. Hilf auch anderen dabei, ihr Leuchten zu finden. Wähle dich. Allen und allem voran, denn nur wenn du dich wirklich liebst, auf dich achtest und ein Leben aus und in Liebe führst, wirst du das wahre Glück finden. Ich sage mir täglich:

I choose me.

Das erdet mich und erinnert mich daran, dass ich Licht und Liebe bin. Ich freue mich darauf, dein Licht zu sehen, denn gemeinsam leuchten wir alle heller.

Also: Steh auf und leuchte, damit das Glück dich finden kann.

Deine Saina

P.S.: Vielleicht hilft dir mein Kerzenritual, um deine Leuchtkraft dauerhaft aktiviert zu halten. Alle Infos hierzu und die passende Kerze findest du auf meiner Webseite: **www.stehaufundleuchte.de**

DANKSAGUNG

♥

Ich danke Sarah vom Malia Verlag, dass sie an mein Konzept geglaubt und dieses Buch mit mir gemacht hat. Liebe Sarah, du bist ein so großartiger Mensch und ich schätze dich sehr. Mein großer Dank gilt auch der wunderbaren Laura, die mit ihrem ersten Buch viel in mir verändert hat. Laura, dass ich nun mein Buch in deinem Verlag veröffentliche, bedeutet mir die Welt, und damit schließt sich für mich ein Kreis. Ich danke meiner Lektorin Conny, dass sie mir freie Hand gelassen hat und immer zur richtigen Zeit tolle Tipps und Hinweise gegeben hat.

Großer Dank geht an Nesibe Özdemir, die als Psychologin nochmal über alle psychologischen Parts geschaut hat, denn mein Psychologie-Studium liegt nun doch einige Jahre zurück. Und auch wenn ich mich stetig weitergebildet habe, sorgt es für ein gutes Gefühl, dass ein Vollprofi nochmal alles kontrolliert hat.

Ich danke all meinen Freundinnen und Freunden, dass sie mich so großartig unterstützt und mich so sehr darin bestärkt haben, dieses Buch endlich zu schreiben. Ich danke meiner BFF. Mina, du bist mein Fels in der Brandung. Du bist immer da, wenn ich mich verirre und schubst mich wieder auf den richtigen Weg. Ich liebe dich.

Ich danke der wunderbarsten Mutter auf Erden für ihr Sein. Mama, du bist pure Liebe und Licht. Ohne dich wäre ich nichts.

Ich danke meinem Mann, denn er hat mich ermutigt, der Dunkelheit zu begegnen, um dadurch mein wahres Licht zu finden. Manuel, dir habe ich viel von meinem Leuchten zu verdanken. Danke für dich, für unsere Liebe, unseren gemeinsamen Weg und dass wir wieder Kinder sein können, die die Welt als einen magischen Ort verstehen. Danke an all die Menschen, die mir auf meinem Lebensweg wohlwollend und mit einem Ja begegnet sind. Ihr wart mein Anker. Mein Dank gilt auch allen anderen Menschen, denn ihr Nein war mein Motor.

Ich danke dir, dass du dieses Buch gewählt und gelesen hast. Ich wünsche mir aus tiefstem Herzen, dass es dich ermutigt, auch dein Leuchten aufzudrehen. Die Welt braucht dich.

Du bist das Licht.

QUELLEN-
VERZEICHNIS

*

A **Alexander, Katharina:** In diesen sechs Ländern sind Männer und Frauen vor dem Gesetz gleichberechtigt, Zeit online, 2019 https://www.zeit.de/zett/politik/2019-02/in-diesen-sechs-laendern-sind-maenner-und-frauen-vor-dem-gesetz-gleichberechtigt?utm_referrer=https%3A%2F%2Fwww.google.com#:~:text=Laut%20dem%20Ranking%20der%20Weltbank,%2C%20mit%2091%2C8%20Punkten zuletzt aufgerufen am 12.10.2023

C **Charlier, Siegfried** (2001): Grundlagen der Psychologie, Soziologie und Pädagogik für Pflegeberufe. 1. Auflage. Stuttgart: Thieme.

F **Franckh, Pierre** (2008): Das Gesetz der Resonanz. Dorfen: Koha Verlag.

H **Hausser, Agnieszka Aleksandra:** Die Parentifizierung von Kindern bei psychisch kranken und psychisch gesunden Eltern und die psychische Gesundheit der parentifizierten Kinder https://ediss.sub.uni-hamburg.de/bitstream/ediss/5171/1/Dissertation.pdf zuletzt aufgerufen am 12.10.2023

Heilingsetzer, Georg Christoph (2014): Verortung und Identität. Wer bin ich ohne Heimat? 1. Auflage. Hamburg: disserta Verlag.

K **Kast, Verena** (2015): Über sich hinauswachsen - Neid und Eifersucht als Chancen für die persönliche Entwicklung. Ostfildern: Patmos Verlag.

W **Walsch, Neale Donald** (1999): Ich bin das Licht. Die kleine Seele spricht mit Gott. Roßdorf: Edition Sternenprinz.

173

@kikodiomisio_photography

#ichleuchte

IMPRESSUM

Originalausgabe
Veröffentlicht im Malia Verlag, Berlin, Februar 2024
Copyright © 2024 by Malia Verlag GmbH, Berlin

1. Auflage
978-3-949822-23-0 Print
978-3-949822-24-7 E-Book (pdf)
978-3-949822-36-0 E-Book (epub)

Text: Saina Bayatpour
Lektorat: Cornelia Czaker / schreibamt.at
Korrektorat: tolingo GmbH
Layout und Satz: Susan Wesarg
Psychologische Beratung: Nesibe Özdemir
Coverbild: Manuel Cortez

Printed in Austria

Kein Plastik!
Aus Liebe zur Umwelt ist dieses Buch
nicht in Plastik eingeschweißt.
*Leider haben wir keinen Einfluss auf
mögliches Einschweißen der Bücher im Handel.*

MIX
Paper from
responsible sources
FSC® C005108

print 4 climate®
klimafreundlich gedruckt

PurePrint®
innovated by gugler* DruckSinn
Healthy. Residue-free. Climate-positive.
drucksinn.at

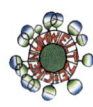
– produziert nach den Richtlinien des Österreichischen
Umweltzeichens, Gugler GmbH, UW-Nr. 609, www.gugler.at

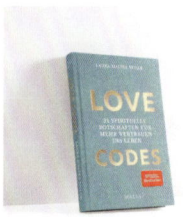

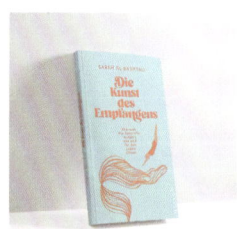